추천의 글 (가나다순)

김미경 | MKYU/MKTV 대표

첨단 테크놀로지 가운데 가장 인간을 닮은 기술 그리고 인간이 반드시 배워야 할 기술이 AI이다. 저자는 내가 아는 한 가장 쉽고, 가장 정확하게 우리가 알아야 할 AI 지식을 전한다. 세상을 그리고 미래를 바꾸고 싶다면, AI부터 먼저 배워야 한다.

김성훈 | 업스테이지 대표 겸 홍콩과기대 교수

AI 시대를 맞아 이를 잘 활용하고 실질적인 가치를 만들어 내기 위해서는, AI 기술이 지금 어디까지 와있는지 그리고 어떤 사업 문제에 적용될지에 관한 이해가 필요하다. AI 관련 기술과 사업을 따로 논의하는 책은 많지만, 기술과 사업을 함께 다루면서 균형을 잡은 것은 이 책이 유일해 보인다. AI 기술과 시장이 상당히 발전했고 실질적인 사업 가치를 만들어 내고 있는 지금, 어떤 기술을 사용하고 어디에 집중해야 하는지에 대한 인사이트가 가득하다.

김유신 | 한화시스템 미래사업담당 상무

처음 이 책의 목차를 봤을 때는, AI 입문자에게 적당한 책일 것으로 생각했다. 101이 흔히 입문 혹은 개론을 의미하기 때문이다. 하지만 이 책을 다 읽고 나서는 생각이 바뀌었다. 숲을 생각하지 못하고 나무에만 몰두하고 있는 AI 전문가라면, 이 책을 읽고 본인이 숲 어디에 있는지를 아는

데 도움이 될 것이라는 생각이 들었다. 물론 입문자 또한 이만큼 충실한 개론서를 찾기란 쉽지 않을 것이다.

기업체 경영자이거나 AI 관련된 조직의 리더나 구성원들에게도 꼭 이 책을 권한다. 이 책에는 몸담고 있는 회사나 조직이 AI를 어떻게 이해하고 추구해야 하는지에 대한 해답과 방향성을 제시해 주고 있기 때문이다.

배경훈 | LG AI연구원 원장

기업에서 AI 도입은 생존을 위한 필수 전략으로 자리 잡았다. 아직도 AI를 그저 만능이라고 생각하거나 AI를 통한 혁신을 어떻게 시작해야 할지 모르겠다면 이 책을 권한다. AI를 활용한 비즈니스 사례만 담겨 있는 것이 아니다. 최신 AI 기술 트렌드, AI 편향성 문제, 미래의 AI에 관해서도 살펴볼 수 있다. AI를 연구 개발하고 사업에 적용하기 위한 모든 노하우가 여기 담겨 있다. 무엇보다 AI 전문가들의 생생한 인터뷰는 이 책의 가치를 더한다.

염용섭 | SK경영경제연구소장

이 책은 AI의 역사에서 핵심 기술까지를 가장 쉽게 정리했고, 기업가와의 인터뷰까지 제시한 가장 완벽한 교과서이다. AI의 세계를 처음 탐구하는 학생뿐 아니라 직장인에게 미지의 AI의 세계를 비추는 등불이며 내비게이션 맵이 되는 최고의 책이다.

하정우 | 네이버 AI랩 소장

국내 최고의 미래학자답게 저자는 이 책에서 기술뿐 아니라 비즈니스, 사회적 관점에서 AI의 의미와 영향력 등을 통찰력 있게 설명하고 있다. 특히 주제별 전문가와의 대담은 상당히 인상적이다. AI로 어떻게 가치를 만들어나갈 것인지 고민하는 분에게 좋은 지침서이다.

AI
101

인공지능 비즈니스의 모든 것

정지훈 지음

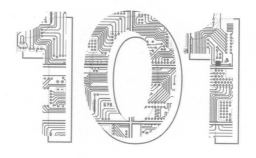

틔움

AI 퍼스트 시대, 이미 시작되었다

2021년 1월, 구글의 AI 자회사 딥마인드가 개발한 알파폴드(AlphaFold)가 중국에서 코로나19의 유전정보를 공개하면서 단백질 구조를 예측하는 데 성공했다. 지난 10년 동안 수많은 과학자가 시도했지만 번번이 실패했던 박테리아 단백질 구조를 단 30분 만에 알아낸 것이다. 2021년 8월, 테슬라가 발표한 자율주행 기술은 현실에 적용할 수 있는 수준으로까지 발전된 내용을 보여주었다.

AI 기술은 지금 어디에 와 있을까?

우리는 "인공지능이 어떤 일을 할 수 있을까?"라는 질문을 했었다. 하지만 지금은 "인공지능이 도대체 할 수 없는 일은 무엇인가?"라는 질문으로 바뀌었다. 인공지능은 정말 인간을 대체할까? 인공지능은 늘 그렇듯 소설과 영화, 즉 사람들의 상상력에서 시작되었다.

빅데이터와 딥러닝, 인공지능에 관해 가장 대중적인 인지도를 확보하게 된 것은 바로 2002년 개봉한 스티븐 스필버그 감독, 톰 크루즈 주연의 〈마이너리티 리포트〉이다. 이 영화에서 축적된 자료를 통해 누가, 언제, 어디에서 범죄를 저지르는지 예측하는 개

넘이 등장했고, 이것은 지금의 빅데이터, 딥러닝, 인공지능의 개념과 유사하다.

이후 조금 현실화된 개념이 2011년 〈머니볼〉에서 등장한다. 주인공 브래드 피트는 야구선수들의 데이터를 분석하여 이기는 방법을 찾아내 크게 성공한다. 실제로 많은 구단에서도 이런 빅데이터 분석법을 사용하는 것으로 알려졌다.

2013년에는 스칼렛 요한슨의 목소리 연기가 일품이었던 영화 〈그녀(Her)〉가 개봉된다. 사람이 느끼는 감정까지도 잘 표현하는 인공지능이 등장한 것이다. 이 영화는 미래의 코로나 팬데믹을 예측이라도 한 것처럼 사람들의 외부 활동이 한정적이라는 배경에서 시작하여, 주인공 호아킨 피닉스가 고립된 현실에서 인공지능 목소리 사만다와의 교류로 위로받는 내용이다.

알파고가 인간이 만들어 낸 최고의 지적 게임인 바둑에서 인류를 넘어선 그날로부터 벌써 5년이 지났다. 영화 〈그녀〉에서 보여 준 인공지능 인간 사만다는 아직 우리 곁에 없지만, AI를 활용한 기술은 우리 삶의 거의 모든 분야에 등장했다. 뉴스와 소설을 쓰기 시작했고, 좋아하는 음악을 알아서 선곡해 들려주며, 인공지능 청소기는 이미 우리 생활 속 깊이 존재한다.

엔터테인먼트 사업을 하는 나는 최근 AI가 음악을 작곡하는 회사의 사람들을 만났다. 단순히 빅데이터 딥러닝을 넘어 인간만이 할 수 있다고 생각했던 크리에이티브 영역까지 AI 기술이 적용되고 있다. 가상 인간(Virtual Human)이 SNS 인플루언서, 아이돌, 광고 모델로까지 활동하고 있기도 하다.

최근에 카카오엔터테인먼트는 AI 보이스와 관련된 회사에 투자했는데, 15~20분 정도 실제 목소리로 녹음을 하면 책 한 권을 실제 목소리에 가깝게 읽어주는 기술을 가진 회사이다. 곧 자신이 좋아하는 '셀럽'의 목소리로 아침을 열고, 좋아하는 목소리로 책과 음악을 듣는 시대가 올 것이다. 이처럼 보이스 분야만 봐도 인간은 AI와 함께 더 즐겁고 행복할 수 있으며, 상상했던 기술이 빠르게 현실이 되어가고 있음을 알 수 있다.

올해 만났던 한 투자자는 앞으로 5년 이내 모든 기술 데이터와 인프라가 AI 기반으로 바뀔 것이라고 말했다. 나 역시 공감한다. 인터넷에서 모바일로 넘어가기 시작했던 2010년 전후의 변화를 많은 사람이 기억하고 있을 것이다. 나 역시 당시의 패러다임 변화 속에서 창업했다. 앞으로 우리가 만들고 쓰는 모든 콘텐츠와 서비스는 AI 기술을 제대로 활용하느냐, 못하느냐에 따라 완전히 바뀔 것이다. 마치 2010년 전후로 모바일에 적응했느냐, 못했느냐로 나뉘었던 것처럼 모든 회사가 AI를 쓸 수 있느냐, 아니냐에 따라 경쟁력이 달라진다. 상황이 이런데, AI 기술에 대한 이해가 없다면 어떻게 될까?

나를 포함해서 AI 퍼스트 시대를 준비하는 많은 사람에게 이 책은 완벽한 길잡이 역할을 하고 있다. 최근 미래 전략을 준비하면서 저자인 정지훈 교수와 함께 메타버스, NFT(Non-Fungible Token), 버츄얼 휴먼 등과 같은 다양한 미래 전략에 관해 이야기하면서 많은 영감을 받았다. 단 하나 아쉬웠던 점이 있다면, 이처럼 흥미롭고 깊이 있는 통찰을 지극히 제한된 사람들하고만 나눴다는 것이다. 그래서 이 책이 더 반갑고 기쁘다.

단순한 트렌드 분석을 넘어 신기술 분야 투자에 관한 통찰과 기술 스타트업의 관점까지를 아우르는 저자의 진면목을 제대로 느낄 수 있는 이 책이 많은 독자와 만나기를 바란다.

AI와 함께 달라질 새로운 비즈니스, AI와 함께 펼쳐질 혁신적인 미래를 마음껏 상상할 수 있는 소중한 기회이다.

_이진수, 카카오 엔터테인먼트 CEO

AI의 가을, 잘 준비하고 계십니까?

세계적인 컨설팅 업체들을 포함하여 구글, 엔비디아, 페이스북 등 AI 기술을 선도하는 글로벌 기업들은 AI로 인해 변하는 산업의 변화 양상을 끊임없이 강조해왔다. 하지만 AI가 세상을 바꿀 것이라는 주장은 새로운 것이 아니다. 1950년대 중반, 적어도 20년 내에 AI가 인간 수준 지능에 도달할 것으로 기대했고, 1970년대 들어 그 기대는 무너졌다. 그리고 1980년대 시작된 두 번째 붐도 얼마 가지 않아 무너졌다.

문제는 지나친 기대가 거품처럼 무너지면서 'AI의 겨울'이 찾아온다는 점이다. AI의 겨울이 찾아오면 연구 자금은 말라붙고 AI라는 단어 자체에 대한 평판도 나빠졌다. 물론 현재 AI 기술의 성과는 과거에 비해 훨씬 성공적이고, 실제로 전 세계 수십억 명의 사람들이 매일 AI 기술의 혜택을 받고 있다. 과거의 'AI의 겨울' 다시 올 수도 있다는 말은 다소 과장된 위협이 될 것이다. 그렇지만 지나치게 낙관적으로 이야기한 예측에 대해서는 반성할 때가 되었다. 자율주행기술이 과거보다 크게 발전한 것은 사실이나, 주요 거리에서 이들이 일상적으로 운행되는 것을 보려면 아직도 많은 시간이 필요할 것으로 보인다. AI가 탑재된 영상의학 기기가 늘고 있지만, 영상의학과 의사들은 여전히 일자리를 지키고 있다.

역사적으로 세 번째라고 할 수 있는 이번 'AI의 여름'은 과거와 다르다. 너무나 많은 사용처와 검증된 기술들이 이미 보급되어 있어서 과거와 같은 혹독한 겨울을 불러오지는 않을 것이다. 그렇지만 현재의 AI 기술이 해결해야 할 여러 가지 문제와 한계를 명확히 이해하고 알려서 산들바람이 느껴지는 가을 정도를 준비해야 한다. 그래야 이 기술의 긍정적인 발전 추세가 이어질 수 있다.

AI는 강력하면서 한계가 있다. 이런 현실이 잘 알려진다면 지나치게 과열된 AI의 여름 뒤에 다가올 가을을 원만하게 맞이할 수 있을 것이다. 앞으로도 AI의 활용도는 지금보다 높아질 것이며, 인터넷과 같이 우리는 부지불식중에 AI의 혜택을 받게 될 것이다. 그러나 늘 지나침은 모자람만 못하다. AI로 모든 것이 바뀌고 무엇이든 할 수 있다는 지나친 낙관론을 경계해야 하는 이유다. AI와 공존하는 사회를 만들고 발전시키는 것에 낙관론은 도움이 되지 않는다.

이 책을 준비하면서 가장 신경을 쓴 것은 지나친 낙관론도 지나친 비관론도 아닌, 가장 현실적이면서도 AI를 민낯 그대로 받아들이도록 하겠다는 것이었다. AI도 결국 인간이 활용하는 도구이다. 인간에 대한 배려와 사회적인 이슈에 관한 다양한 고려가 필요하다. AI를 공부하고자 하는 개인이나 AI를 도입하려고 하는 기업 모두 이런 현실에 바탕을 두고 AI를 연구하고 발전시켜야 한다. 한계를 아는 순간 쓸모는 더욱 커진다.

_정지훈, 2021년 여름

차례

5장 | AI 비즈니스

6장 | AI 기술 트렌드

7장 | AI 공정성

8장 | 인간으로, 더 인간으로

글로벌 AI 전문가 인터뷰

1장

AI 어디까지 왔나

1-1
왜 AI의 역사를 이해해야 하는가

과거 인터넷이 세상을 크게 바꾸었던 것처럼 앞으로
AI가 세상을 바꿀 것이라고 믿는 사람들이 많다. 과거
인터넷은 전문가나 엔지니어들의 전유물이었지만 지금은 누구나
쓸 수 있는 기술이 되었다. 이제 인터넷이 없는 세상은 상상하기
어렵다. AI 역시 인터넷과 같은 길을 걸을 것이다.

뉴욕 한가운데에 자리 잡은 뉴욕대학교의 얀 르쿤 교수는
2018년 컴퓨터과학 분야 최고의 상인 튜링 어워드를 토론토대학
교의 제프리 힌튼 교수, 몬트리올대학교의 요수아 벤지오 교수와
공동 수상했다. 페이스북 AI리서치(FAIR)의 설립자이기도 한 얀
르쿤 교수는 2018년 가장 유명한 국제 AI 학회 중 하나인 ICML
키노트 강연에서 이렇게 말했다.

"우리는 은행에서 발행하는 개인 수표의 손글씨를 매우 빠르게 인식하는 시스템을 만들었습니다. 그리고 90년대 중반쯤 제가 벨 연구소에서 일할 때는 AT&T를 위한 상업용 시스템을 개발하기도 했지요."

그는 이 강연에서 "1990년대 초반 이미 신경망(Neural Network)이 큰 성공을 거두고 있었으나 머신러닝 커뮤니티에서는 알 수 없는 이유로 신경망에 대한 관심을 완전히 잃었다"고 지적했다.

또 한 가지 강조한 것은 자신과 자신의 제자들이 좋은 논문을 많이 발표했고, 이 논문들이 유명한 AI 학회에 구연 발표(AI 학회에서는 가장 평가가 좋은 연구는 시간을 얻어 구연으로 발표되고 그보다 약간 떨어지지만, 학회에서 소개할 만한 연구는 포스터로 발표된다)가 될 수 있다고 100퍼센트 믿었는데, 리뷰어들은 다음과 같은 의견을 남기며 발표를 거절했다.

"우리는 CNN(Convolutional Neural Network, 합성곱신경망)이 뭔지 모른다. 우리가 들어보지도 못한 종류의 방법으로 이렇게 결과가 좋다는 것을 어떻게 믿는가?"

이해하기 어려운 설명으로 거절당한 얀 르쿤 교수는 "학생들에게 이제 더는 한쪽으로 치우쳐 있는 컴퓨터 비전 관련 콘퍼런스에 논문을 제출하지 말라고 조언했다"고 말했다.

이는 기술 트렌드가 얼마나 빠르게 바뀌는지를 보여주는 일화로 "현상만 읽을 줄 아는 것은 위험하다. 거대한 역사적 흐름을 느낄 줄 알아야 한다"는 사실을 잘 보여주었다.

AI의 역사에서는 과거에 믿었던 것이 거짓이 되거나, 반대로 절대 안 될 거라 믿었던 것이 가능해지는 사건이 쉽게 반복되곤 한다. 그러므로 거대한 역사의 흐름에서 어떤 방향으로 흘러가는지를 아는 것이 매우 중요하다. 이것이 AI의 역사를 먼저 이해해야 하는 이유다.

1-2
컴퓨터와 AI

AI의 역사에서 가장 중요한 이벤트는 1956년에 열린 다트머스 콘퍼런스로 알려졌다. 물론 이 콘퍼런스와 여기에 참여한 여러 학자가 모두 매우 중요한 역할을 한 것은 사실이지만. AI가 갑자기 하늘에서 뚝 떨어져서 1956년에 시작된 것은 아니다.

AI의 역사는 컴퓨터나 통계학의 역사와 매우 밀접한 관련이 있다. 18세기 후반에는 조건부 확률로 유명한 베이즈의 정리가 나왔고, 19세기에는 찰스 배비지가 미분하는 엔진을 만들어 기계적

그림 1-1 영화 〈이미테이션 게임〉의 포스터

컴퓨터 장치에 대한 개념을 처음 제시했다. 또한 19세기에는 에이다 러브레이스가 배비지 엔진에 기반한 베르누이라는 최초의 프로그램을 만들기도 했다. 20세기 초반에는 니콜라 테슬라가 원격조종 보트를 만들기도 했고, 휴머노이드 로봇도 원시적이지만 이미 20세기 초반에 등장했다.

그러다 제1, 2차 세계대전이 터지면서 그 발전 속도가 빨라졌다. 그중에서도 컴퓨터와 AI 역사에 가장 큰 영향을 준 인물은 앨런 튜링이다. 앞서 언급한 제프리 힌튼, 요슈아 벤지오, 얀 르쿤이 공동 수상한 튜링 어워드가 바로 앨런 튜링을 기리면서 만들어진 상이다. 2014년에 개봉한 영화 〈이미테이션 게임〉(그림 1-1)에도 소개된 것처럼 그는 나치의 암호화 기계 에니그마가 만들어낸 암호를 깨기 위해 봄베라는 기계를 만들었는데 이것이 오늘날 컴퓨터의 원형이 되었다. 이를 위해 그는 알고리듬이라는 개념까지 생각해 냈다.

에니그마는 기계식으로 돌려서 암호를 생성하는 기계였는데,

이 기계를 가진 곳끼리 주고받는 암호화된 메시지를 해독하지 못해 영국이 독일의 공격에 속수무책으로 당하는 경우가 많았다. 앨런 튜링은 이 암호를 해독하기 위한 기계를 만들었는데 그 기계 이름이 바로 봄베다.

앨런 튜링은 이것 말고도 컴퓨터 인공지능을 테스트하는 방법으로 오늘날까지도 유명한 튜링 테스트(그림 1-2)를 개발하기도 했다. 인공지능 챗봇을 테스트하는 것으로, 그 원리는 간단하다. 반대편에 컴퓨터 프로그램으로 동작하는 인공지능 챗봇과 사람이 있는데 판정할 사람이 정해진 시간 동안 채팅을 나눈 뒤에 어느 쪽이 사람이고 인공지능인지 구별하지 못하면 튜링 테스트를 통과했다고 말한다.

제2차 세계대전이 끝나면서 전쟁과 함께 개발된 많은 기술이 꽃을 피우면서 1차 인공지능의 붐이 일어날 기초가 다져졌다.

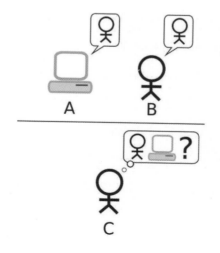

그림 1-2 튜링 테스트 방법. C가 인공지능인 A와 사람인 B와 채팅을 한다. 그리고 그 결과 둘 중 어느 쪽이 인공지능이고 사람인지 맞추는데. 도저히 맞출 수 없다면 튜링테스트가 통과된다.(출처: 위키피디아 https://en.wikipedia.org/wiki/Turing_test#/media/File:Turing_Test_Version_1.svg)

그림 1-3 존 매카시(출처: 위키피디아)

1950년 앨런 튜링의 튜링 테스트와 관련된 논문, 그리고 클로드 섀넌의 체스를 하는 기계에 대한 논문을 시작으로, 1951년에는 딘 에드몬드가 아주 기초적인 신경망 기계인 SNARC를 제작했으며, 1955년 인공지능과 인터랙션 사이언스, 인지과학 등의 학문을 창조한 허버트 사이먼과 앨런 뉴얼은 유명한 프로그램 '논리 이론가(Logic Theorist)'를 발표한다.

이처럼 일반적인 기계를 넘어 '생각하는 기계'에 관한 연구가 진행되면서 여러 연구를 하나로 모아 학문 형태로 정립하고 정형화하고자 하는 인물이 나왔는데, 그가 다트머스대학교의 존 매카시(그림 1-3)이다. 1956년 존 매카시는 수많은 연구자를 초청해서 워크숍을 열었는데 이때 AI(Artificial Intelligence)라는 용어가 대중에게 처음으로 알려진다. 실제로 용어가 사용된 것은 1955년으로, 워크숍 개최를 위한 제안서에서 처음 썼다는 말도 있다. AI와 비슷하지만 조금은 다른 개념을 이야기하는 머신러닝(Machine Learning)이라는 용어는 1959년 아서 사무엘이 처음으로 사용했다.

이처럼 컴퓨터의 발전 덕분에 인간처럼 생각하는 기계와 AI 기술이 빠르게 성장하리라 믿었던 시대가 있었고, 이런 분위기가 첫 번째 인공지능의 붐을 만들었다.

1956년 역사적인 다트머스 콘퍼런스는 당시로서는 젊은 소장 학자 존 매카시가 주도한 일종의 워크숍이었다. 이 워크숍은 다트머스대학교에서 수개월 동안 이어졌고, 당대 최고의 학자들이 모여 저마다 생각하는 기계 또는 인공지능과 관련한 토론을 했다. 원래 목표는 하나의 학문화를 이루고 프로젝트를 만들어 연구 기금까지 모금하는 것이었으나, 목표를 달성하지는 못했다.

그렇지만 다트머스 콘퍼런스에 참석했던 수많은 학자는 후에 현대 AI의 아버지로 불리는 사람들이었고, AI와 관련한 학문과 조직이 다양하게 생겼으며, 이들에 의해 최초의 AI 붐이 주도되었다. AI 역사에서 다트머스 콘퍼런스가 중요한 역할을 했다고 보는 이유다.

1-3
좋지만 오래된 인공지능

 필자는 2018년 AI 101 강연자료 녹화를 위해 미국 뉴욕시 한가운데 위치한 루스벨트 아일랜드를 방문했다.

이곳에는 코넬대학교 공과대학과 함께 인도의 세계적인 자동차 업체 타타의 이노베이션센터, 미국 1위 이동통신사업자인 버라이즌 인스티튜트, 블룸버그 센터 등이 자리하고 있다. 코넬대학교는 이른바 GOFAI(Good-Old Fashioned AI)에서 제일 중요한 로젠블랫의 '퍼셉트론'이라는 연구가 이곳에서 시작되었던 것으로 유명하다. 물론 코넬대학교의 이타카 캠퍼스는 뉴욕주의 북부에 있지만, 뉴욕시 혁신의 중심에서 이를 다시 생각해 보는 것은 큰 의미가 있다고 본다.

1차 인공지능의 붐이 일어난 가장 중요한 기술은 신경과학의 발전과 그 원리를 이용한 기계의 개발이다. 그중에서도 가장 유명한 초창기 기계가 마빈 민스키와 딘 에드몬드가 만든 'SNARC(Stochastic Neural Analog Reinforcement Calculator)'로 번역을 하면, '확률적 신경 아날로그 강화 계산기'라는 기묘한 이름이 된다. 쉽게 말하자면 신경세포 형태로 확률을 계산할 수 있는 기계다. 진공관으로 만들어진 이 기계는 약 40여 개의 신경 세포 단위(실제 신경 세포가 아니라 진공관으로 만들어진 단위)를 하드웨어로 엮어 학습할 수 있도록 했다.

이 기계를 발명한 마빈 민스키는 MIT에서 인공지능연구소를 설립하고 다트머스 콘퍼런스에서도 가장 핵심적인 임무를 수행한 사람 중 하나다. 매우 원시적인 세포와도 같은 하드웨어였던 SNARC에 이어 코넬대학교의 프랑크 로젠블라트가 개발한 퍼셉트론(그림 1-4)이 등장한다.

　이 기계의 공식적인 명칭은 '마크 1 퍼셉트론'으로 줄여서 '퍼셉트론'이라 불렸다. 이 기계는 400개의 포토셀을 가지고 있는데 그 배열이 신경처럼 서로 연결되어 있다. 전위차계가 있어서 가중치(weight) 수치를 기록한다. 가중치는 전기모터가 있어서, 학습이 진행될 때마다 가중치의 수치가 바뀌면서 학습하는데, 이는

그림 1-4 마크 1 퍼셉트론. 20x20 황화카드뮴 포토셀과 가중치 계산을 위한 배열을 활용해 제작되었다.(출처: 위키피디아 https://en.wikipedia.org/wiki/Perceptron#/media/File:Mark_I_perceptron.jpeg)

오늘날의 인공신경망과 유사한 방식이다.

퍼셉트론에서 이야기하는 인공신경망 구조를 더 자세히 살펴 보면 다음과 같다. 인간을 비롯한 동물의 신경 세포에는 세포체 와 핵보다 훨씬 길게 늘어진 촉수 형태의 축삭돌기와 수상돌기가 있다. 여기에 다른 신경 세포 돌기들이 닿아 시냅스를 형성하고 여기에 전기 포텐셜이 흐르면서 정보가 전달된다.

인공신경망의 구조도 이와 같다(그림 1-5). 수상돌기에 해당하 는 부분에 외부의 신경돌기에서 정보 'x1'이 넘어오면 수상돌기 와의 시냅스 부분에 가중치에 해당하는 'w1'과 곱연산(x1w1)이

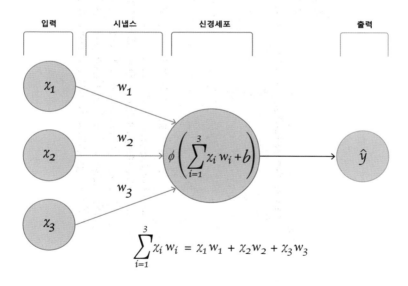

그림 1–5 가장 기초적인 인공신경망의 구조

이루어진다. 이렇게 시냅스가 여러 개면 이들의 곱을 모두 더한 값에 바이어스에 해당하는 'b'가 더해진다. 이렇게 모인 값을 비선형으로 만드는 활성화 함수에 넣어 계산한다. 중요한 것은 동물의 신경 세포 정보를 전달하고 학습하는 방식에 착안해 기계와 소프트웨어를 만들었다는 것이다.

이렇게 신경 세포가 동작하는 방식을 본뜬 신경망이 인기를 끌었고, 이에 AI가 인간을 넘어 발전할 수 있다고 생각하는 사람들이 늘기 시작했다. 하지만 생각보다 기술의 발전은 더뎠고, 투자된 금액에 비해 성과가 좋지 않다는 비판도 일기 시작했다. 이때 신경망 하드웨어를 처음 만들었던 마빈 민스키가 다시 나섰다. 이번에는 향후 MIT 미디어랩을 만든, 세이모어 페퍼트와 함께였다. 두 사람은 1960년대에 《퍼셉트론스》라는 책을 함께 썼는데 이 책은 놀랍게도 자신이 관여했던 신경망과 관련한 모든 신화를 깨뜨리는 데 앞장선다.

이들은 가장 기본적인 논리 회로 중 하나인 'XOR'을 구현할 수 없음을 증명했다. 모든 것은 기초가 중요한데, 가장 기초적인 논리회로 중 하나를 구현할 수 없다면 이는 모래 위에 성을 짓는 것과 비슷하다는 생각을 심어줄 수 있었기 때문에 신경망 자체가 매우 불완전한 것으로 비쳤다. 그렇지 않아도 성과가 나오지 않는 상황에서 이것은 아주 좋은 공격 거리가 되었다.

사실 민스키와 페퍼트가 'XOR'이 안 된다고 증명한 것은, 이후

1980년대에 딥러닝의 아버지라고 불리는 제프리 힌튼 교수가 다중으로 신경망을 쌓으면 이 논리회로를 구현할 수 있다는 것을 보여주면서 깨지게 된다.

그렇지만 이미 10여 년 이상의 시간을 허비하고 커다란 AI의 겨울을 불러일으킨 마빈 민스키는 인공지능의 붐을 만든 주인공이면서 반대로 더 빨리 발전시킬 수 있었던 인공지능을 10여 년 이상 뒤처지게 한 장본인이 되고 말았다.

이런 역사를 통해 1차 인공지능의 붐이 저물면서, 신경망에 기반을 둔 AI가 주류에서 밀려났다. 이 시기 언어학이나 논리학을 바탕으로 컴퓨터의 심볼인 기호로 언어를 해석하거나 규칙을 기반으로 판단하는 형식의 새로운 AI가 부상하면서 주류가 된다. 이를 심볼릭 AI 또는 기호주의 AI라고도 불린다. 논리와 추론을 바탕으로 하는 AI가 딥러닝 이전에 크게 유행하면서 많은 발전을 이루었다.

그런데 신경망 이론에 기반을 둔 딥러닝이 다시 주류가 된 오늘날 이들 기호주의 AI를 '고파이(GOFAI)'라고 부르면서 유행에 뒤처졌다는 느낌을 주고 어딘지 모르게 낮춰 부르는 상황이 되었다. 역사적으로 보면 하나의 이론이나 기술이 주류가 될 때 모든 것을 해결할 수 있을 것처럼 보이다가도 다시 다른 종류가 부상하는 경우가 많다. 이처럼 고파이라는 수모를 당하고 있는 심볼릭 AI도 앞으로 중요성을 다시 인정받는 시대가 열릴 수도 있다.

뉴욕의 최근 AI 동향: 뉴욕 AI 스타트업 창업자들

존 린 : 저는 Cela의 공동창업자입니다. Cela는 스타트업 창업 기획 프로그램을 만들고 기업, 투자자 그룹, 대학교, 정부와 협력을 하는 곳이며, 뉴욕에서 훌륭한 글로벌 AI 커뮤니티로 성장한 city.ai의 투자자이기도 합니다. 최근 뉴욕의 AI 동향을 보면 AI에 집중하는 인큐베이터, 이노베이션 랩, 창업 기획자들이 많이 등장하고 있습니다. 뉴욕대학교의 퓨처 랩, 핀테크나 AI에 집중하는 파트너십 펀드, 그 밖의 많은 뉴욕의 창의적인 그룹이 AI를 가장 중요한 기술로 생각하고 많은 투자와 활동을 하고 있습니다.

프란샤 : 저는 AiNGEL의 공동창업자입니다. AiNGEL은 AI를 이용해서 스타트업에 금융 상품을 제공합니다. 금융 서비스에서는 AI와 관련한 두 가지 테마가 있습니다. 하나는 낭비되고 있는 많은 리소스를 효율적으로 만드는 방법이고, 다른 하나는 AI를 이용해 금융 시스템의 혜택을 얻지 못한 사람들에게 새로운 접근법을 제시하는 것입니다.

기디언 멘델 : 저는 Comet ML의 대표이자 공동창업자입니다. Comet ML은 프로그래밍과 코딩을 할 때 깃허브(Github, 전 세계에서 가장 많은 프로그래머가 이용하는 오픈소스 개발 도구이자 포털)와 함께 머신러닝을 활용할 수 있는 플랫폼을 제공합니다. 우리는 AI 팀과 함께 일을 하면서 데이터 세트, 코드, 테스트, 모델을 추적할 수 있는 플랫폼을 만들었는데요. 효율성, 가시성 및 재현성 관련 문제를 해결하기 위해 노력하고 있습니다. 지난 5~7년 동안 우리가 본 AI의 최근 트렌드는 '딥러닝'과 '사용자'로 요약됩니다. 실제 기업들과 이야기해보면 조직 프로세스와 관련된 문제가 많고, 이를 해결하기 위해

사용하는 도구등도 많습니다. 그래서 기업이 직면한 공통 과제를 AI로 해결하는 방법을 연구하고 있습니다.

1-4
AI의 겨울

첫 번째 AI의 붐과 겨울이 어떻게 왔는지에 대해 앞에서 알아봤다. AI의 붐은 그 뒤로 두 번 더 온다. 현재의 빅데이터와 딥러닝을 중심으로 나타난 AI의 붐이 세 번째다(그림 1-6).

전체적으로 보면, 제2차 세계대전 이후 컴퓨터가 보급되면서 컴퓨터라는 새로운 기술에 대한 기대와 우주개발 경쟁이 같이 일어났고, 1956년 다트머스 콘퍼런스를 기점으로 인공지능에 대한 기대가 증폭되고 많은 자금이 투자된 것이 첫 번째 AI 붐이었다. 그리고 컴퓨터 성능에 따른 계산 기능의 한계, 민스키와 페퍼트가 증명한 기존 신경망의 논리 체계 불완전성에 대한 증명이 겹쳐 침체기가 왔고, 이를 '첫 번째 AI의 겨울'이라 말한다.

그렇다면 두 번째 AI의 붐은 언제 왔을까? 개인용 컴퓨터(PC)가 본격적으로 보급되기 시작한 1980년대다. 이 시기에는 PC에 다양한 프로그램을 설치하고, 의사결정에 활용하면서 기업이 경영정보시스템을 이용하게 되었고, 규칙에 기반을 둔 프로그램 개발 회사들이 성공 신화를 쓰기 시작했다. 이처럼 잘 정리된 규칙을 컴퓨터 프로그램으로 구현하여 활용한 AI 시스템을 전문가 시스템(Expert System)이라 부른다.

이와 더불어 기호와 추론을 바탕으로 한 전통적인 AI 기술인 고파이가 인기를 끌었다. 또한 민스키와 페퍼트 이후 거의 망하다시피 했던 신경망에도 새로운 돌파구가 만들어지는데 다층으로 신경망을 쌓으면 'XOR' 문제가 해결된다는 것을 밝혀낸 제프리 힌튼과 다른 연구자들의 활약이 눈부셨다. 이를 통해 인공신경망에 대한 연구도 다시 활발해졌다.

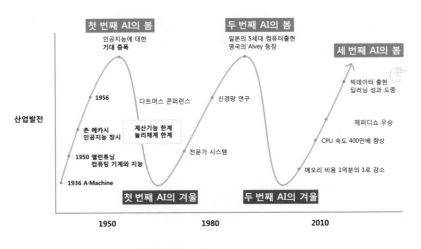

그림 1-6 AI 붐과 겨울 (출처:창조경제연구회)

그렇지만 1990년대를 넘어서면서 이러한 AI 시스템들이 지엽적이고 제한적인 부분에서만 좋은 결과를 만들었고 신경망 학습의 경우에도, 컴퓨터의 성능이 떨어지고 동시에 학습할 수 있는 데이터도 적어 그 성과가 지지부진했다. 그다지 성공적인 적용 사례가 많이 발견되지 않으면서 다시 인공지능에 대한 회의론이 퍼지기 시작했는데 이것이 '두 번째 AI의 겨울'이다.

그렇다면 세 번째 AI 붐을 일으킨 원동력은 구체적으로 무엇이었을까?

첫째, 강력한 그래픽처리장치(Graphics Processing Unit, GPU)를 바탕으로 컴퓨팅 환경이 매우 좋아진 점을 들 수 있다. 인공지능 하드웨어를 중심으로 매우 유명해진 엔비디아(nVIDIA)는 원래 3D 그래픽 기능을 강력하게 제공하는 GPU 제조 회사다. 이곳에서 만드는 GPU는 3D 그래픽을 실시간으로 그려낼 수 있어서 실시간 3D 게임을 할 수 있게 만드는 데 많이 사용된다.

이를 위해서는 행렬 계산을 잘해야 하는데 엔비디아는 병렬로 행렬 계산을 매우 빠르게 수행할 수 있는 칩(GPU)을 개발했다. 그런데 재미있게도 딥러닝의 학습 계산 역시 행렬 계산으로 빠르게 할 수 있다. 이로써 과거에는 오래 걸리는 학습 연산이 비교적 짧은 시간에 가능해졌다.

둘째, 방대한 학습자료다. 스마트폰 보급 이후 다양한 소셜미디어나 유튜브 영상, 사진 등에 위치나 텍스트가 붙어 있고, 이를 바탕으로 그 의미를 추정할 수 있는 데이터의 양이 많아지면서 학습 가능한 데이터가 기하급수적으로 많아졌다. 결국 자연스럽게 학습 가능한 작업의 종류도 늘어났고, 여기에 더해 연구를 원활하게 할 수 있는 양질의 공용 데이터 세트도 늘어나면서 머신러닝을 연구하기 좋은 환경이 조성된 것이다.

셋째, 딥러닝 기술의 등장이다. 2012년을 기점으로 널리 알려지기 시작한 딥러닝 알고리듬이 크게 이바지했다. 특히 인공신경망을 믿을 수 없다는 주류 학계의 배척에도 불구하고, 토론토대학교의 제프리 힌튼 교수를 중심으로 캐나다 정부에서 지원한 연구 지원 프로그램의 뚝심이 오랜 고난의 세월을 넘어 성과를 내기 시작하면서, 때마침 공급되기 시작한 GPU와 빅데이터의 유행과 함께 딥러닝을 중심으로 하는 AI 세 번째 붐의 원동력이 되었다.

한 가지 추가한다면, AI에 대한 대중의 관심이 커졌다는 점이다. 대표적인 사례로 2011년 IBM의 인공지능 왓슨이 세계에서 가장 유명한 퀴즈쇼 중 하나인 '제퍼디 쇼'에 나가 인간 퀴즈왕들을 꺾은 사건이다(그림 1-7). 비록 왓슨에 도입된 기술이 오늘날 AI 붐을 일으킨 딥러닝 기술과는 차이가 있지만, 일반인에게 AI에 관한 관심을 높이고 여러 IT 기업이 AI에 본격적인 투자를 감행하는 계기가 되었다는 사실은 부정하기 어렵다. 2011년에 왓슨이 언론의 조명을 받으면서 일반인들에게 AI 붐을 일으키기 시작한 실마리가 되었다면, 기술적으로 큰 기여를 한 것은 2012년 이미지넷 챌린지에서 혜성과 같이 등장한 딥러닝 기술을 들 수 있다.

토론토대학교 제프리 힌튼 교수 연구실의 슈퍼비전팀이, 기존 기술로는 극복하기 어려웠던, 이미지 구분 작업 에러율 20%의 벽을 깨면서 딥러닝 기술이 크게 전파되기 시작했다. 특히 이들의 작업이 오픈소스로 공개되었고 쉽게 재현 가능하다는 것이 밝혀지면서 매우 빠른 속도로 개량되기 시작했다. 2015년에는 드디어 스탠퍼드대학교 대학원생의 평균이었던 에러율 5%의 벽도 넘어섰다.

미국 컴퓨터 과학자이자 스탠퍼드대학교 교수인 페이페이 리는 TED 강연에서 "우리는 이미지넷을 만드는 것에 흥분했고 모든 연구자와 혜택을 나누고자 했습니다. 그래서 TED 방식으로

그림 1-7 IBM의 왓슨이 세계 최고의 퀴즈왕들을 꺾었던 사건(출처: IBM Watson 유튜브)

모든 데이터를 전 세계의 연구자 커뮤니티에 무료로 공개했습니다. 우리가 사물 인식 모델을 훈련하려고 사용한 전형적인 신경망은 2,400만의 노드, 1억4,000만의 매개변수, 150억의 결합이 존재합니다. 이미지넷의 방대한 데이터와 함께 현대 CPU와 GPU에 힘입어 합성곱신경망(CNN)은 아무도 예상하지 못한 방식으로 꽃피웠습니다. 사물의 인식에서 흥미롭고도 새로운 결과를 내는 우수한 구조가 되었습니다"라고 말했다.

이로 인해 딥러닝 기술은 세 번째 AI 붐에서 가장 중요한 기술이 되었고, 이미지뿐만 아니라 음성이나 번역 등의 자연어처리와 관련된 부분도 크게 발전했다. 마침내 딥러닝 기술이 세상을 크게 바꿀 수 있을 것이라는 믿음이 조금씩 전파되기 시작했다.

그렇지만 3차 인공지능 붐에 가장 크게 공헌한 것은 '공유 문화'라 볼 수 있다. 구글이나 MIT, 스탠퍼드대학교 등의 최고 연구진들이 발표한 논문들이 학회가 열리기도 전에 아주 빠른 속도로 'arXiv(아카이브)'라고 불리는 논문 사이트에 공유된다. 연구자들은 또한 코세라(Coursera), 에덱스(edX), 유다시티(Udacity) 등과 같은 무크(Massive Online Open Courseware, MOOC: 온라인 공개 수업)에 강의를 제공하면서 누구나 AI와 딥러닝 기술을 쉽게 이해하고 공부할 수 있게 했다.

이들이 구현한 코드는 깃허브에 공유되었고, 활용 가능한 데이터 세트는 캐글(Kaggle)을 통해 누구나 쉽게 구할 수 있게 되었다. 잘 모르는 것이 있다면 스택오버플로우(Stackoverflow)나 쿼라(Quora) 등을 통해 쉽게 답을 구할 수 있으며, 최신 기술 트렌드는 레딧(Reddit)이나 트위터를 통해 빠르게 전파되었다. 이런 공유 문화와 공유 플랫폼들은 AI 커뮤니티의 문화 자체를 송두리째 바꾸어 놓았고, 기술이 어마어마하게 빠른 속도로 발전할 수 있게 하는 데 큰 기여를 했다.

개방적인 공유 문화가 뛰어난 인재들과 만나면서 AI 기술은 더욱더 빠르게 발전했다. 이런 문화를 따르지 않을 경우 경쟁에서 뒤처지고 인재 확보에 어려움을 겪을 수밖에 없기 때문에, 폐쇄적인 문화를 갖고 있는 기업들도 빠르게 변하기 시작했다. 이처럼 두 번의 AI 겨울을 극복하고 찾아온 세 번째 AI의 붐은 안정기로 들어가면서 새롭고도 매우 실질적인 변화를 가져오고 있다.

그렇다면 세 번째 인공지능의 겨울은 언제 오느냐고 묻는 사람들이 많다. 필자는 세 번째 인공지능의 겨울은 오지 않을 것이라고 생각한다. 어쩌면 과도하게 부풀려진 것에 대한 실망감이 있을 수 있기에, '가을'과 같은 느낌을 가질 수는 있다. 하지만 AI 기술들이 우리의 삶과 사회에 직접적인 영향을 주는 사례가 크게 늘면서 과거와 같은 의미의 겨울은 오지 않는다고 믿어도 좋을 것이다.

유다시티에 대하여: 김병학 박사

김병학 : 유다시티는 '교육을 어떻게 더 민주화할 것인가'라는 주제를 미션으로 설립된 회사입니다. 이 미션은 스탠퍼드대학교의 시배스천 스런 교수의 실험을 통해 알게 된 것 인데요. 모든 사람이 쉽게 사용하고 모두에게 호감을 주는 교육을 제공하는 회사로 평생 교육에 포커스를 맞추고 있습니다.

정지훈 : 유다시티 하면 MOOC라는 말을 만들어낸 회사죠?

김병학 : 예, 맞습니다. 2011년과 2012년에 했던 실험 결과가 흥미로웠었는데요. 시배스 천 스런 교수가 인공지능 기초 과정을 온라인에 올렸는데 2~3일이 지나자 전 세계에서 학생들이 몰려들었습니다. 학교도 놀랐죠. 그래서 한 학기 동안 시험해보자고 했어요. 한 학기 후에 성적을 매기는데 1등부터 4,000등까지 스탠퍼드대학교 학생이 한 명도 없 는 거예요. 전 세계에서 모인 서로 다른 학교의 학생들이었고, 4,001등이 스탠퍼드 학생 이었죠. 그것을 보면서 시배스천 스런 교수뿐만 아니라 앤드루 응 등 AI를 가르치는 다 른 교수들도 무척 놀랐습니다. 왜냐하면 전 세계 모든 학생이 스탠퍼드대학교에 와서 양 질의 교육을 받을 수는 없지만, 많은 학생이 접근할 수 있고, 호감이 가고, 이용하기 쉬 운 새로운 형태의 수업이 탄생할 수 있다는 신호였으니까요. 이런 실험 속에서 유다시 티가 처음 시작되었죠. 그리고 이어서 앤드루 응 교수가 시작한 코세라도 등장했습니다. 사실 이런 식으로 생각하면 MOOC라는 것 자체와 인공지능과 떼어서 생각할 수 없는 것이지요. 토픽 자체가 인공지능 강의로 시작했으니까요. 무려 10년 전이었는데도 사람 들의 관심이 매우 높았어요.

정지훈 : 머신러닝과 AI 관련하여 유다시티에서는 주로 어떤 작업을 하셨는지 궁금합니다.

김병학 : 저희는 기본적으로 온라인 교육이다 보니 전통적인 교실과 차이점이 있어요. 학생 숫자나 학생의 수준 등 모든 것이 전통적인 교실과는 완전히 다르죠. 내용으로 보면 기본적으로 비즈니스에서 필요로 하는 AI 개발에 집중하고 있으며, 강의마다 설립자인 AI 분야 최고 교수진이 질문하며 수업을 이끌어 갑니다. 주로 미래 교육은 어떻게 될 것 같냐는 질문을 많이 하세요. 미래지향적인 AI 프로젝트와 실제 AI 프로그램 제작에 관한 내용도 많이 다루고요. 그래서 무척 바쁘죠.

정지훈 : 유다시티 하면 MOOC이고 AI 교육에 있어서 제일 중요한 역할을 한 곳 중 하나잖아요. 이 분야를 좀 더 공부하고 싶은 분들에게 어떤 것을 추천해주시겠습니까?

김병학 : 그런 질문을 많이 받습니다. 머신러닝이나 AI를 하고 싶은데 무엇을 어떻게 하면 좋겠냐는 질문요. 대학원 진학을 원하는 분들도 있고, 회사에 다니면서 따로 공부하고 싶어 하는 분들도 있죠. 제 생각에는, 무언가를 공부할 때 그 일을 즐기는 게 가장 중요하다고 봅니다. 코세라나 유다시티, 아니면 한국어로 된 MOOC 등 온라인 교육 프로그램을 활용하는 것도 방법이고요. 하지만 가장 중요한 것은 얼마나 즐겁게 공부를 하고 있는지 직접 체험하는 것입니다. 이런 과정을 거치고 나면, 자신의 영역에서 갖고 있는 문제를 어떻게 적용하면 좋을지 아이디어가 생길 수 있어요. 지금까지 배운 것을 15% 정도 활용해서 채우고, 나머지 85%는 노력으로 채워 나가기 바랍니다. 각자의 영역에서 중요한 문제와 해결책을 만드는 노력이 필요합니다.

정지훈 : 기본은 온라인에서 익히고, 이후 문제를 풀고 해결하는 과정이 중요하다는 말씀이죠?

김병학 : 다른 사람이 해줄 수 없는 독특한 솔루션을 해당 영역에 계신 분들이 직접 만들어 낼 수 있다고 생각합니다.

1-5
알파고

2012년 이미지넷 챌린지에서 딥러닝 기술의 가능성을 확인한 사람들이 연구 단계에서의 가능성을 충분히 인정하기 시작했고, 2013년에 들어서면서 사업 주체로서 AI에 대한 관심이 급속히 커졌다. 가장 적극적으로 움직이기 시작한 곳은 구글이다. 구글은 딥러닝의 창시자였던 토론토대학교의 제프리 힌튼 교수와 그를 중심으로 하는 연구소 구성원들을 전부 인수해서 '구글 AI'를 만든다.

뒤이어 구글과 경쟁하고 있던 페이스북도 본격적으로 AI 사업에 뛰어들었다. 구글에게 제프리 힌튼 교수를 빼앗긴 페이스북은 뉴욕대학교의 얀 르쿤 교수를 접촉해 '페이스북 AI 리서치'를 설립하고, 실리콘밸리뿐만 아니라 뉴욕과 파리에도 리서치 센터를 설립하는 등 과감한 투자를 한다.

구글은 영국의 딥마인드를 인수해 지금까지 해왔던 지도학습과 비지도학습을 넘어서는 강화학습이라는 새로운 분야에 관한 연구에도 큰 투자를 하기 시작했다.

이 밖에도 여러 기업이 움직였는데, 애플의 경우 많은 사람이 알고 있는 시리 기술을 개발하면서 투자를 시작했고, 왓슨으로 유명한 IBM은 헬스케어를 비롯한 다양한 분야의 AI 기술에 적극적으로 투자했다.

비슷한 시기에 삼성전자도 러시아의 연구팀을 인수해서 AI 프레임워크를 만들기 시작했고 중국 1위 포털 회사인 바이두는, 유튜브의 영상을 활용해서 개와 고양이를 구분하는 AI 분야의 난제를 해결한 것으로 유명한, 스탠퍼드대학교의 앤드루 응 교수를 영입해 중국 최고의 AI 기업으로서의 위상을 다진다는 변화를 모색했다.

글로벌 기업들의 이 같은 노력에도 불구하고 AI는 계속해서 연구의 영역에 머물러 있었다. 비록 2013년과 2014년을 기점으로 여러 기업이 AI 조직을 만들고 AI와 관련된 스타트업을 인수하면서 많은 투자를 했지만, 실질적인 변화를 끌어내기에는 다소 부족한 면이 있었다.

가장 큰 문제는 새로운 기술이 나왔을 때 흔히 나타나는 '기술 수용주기' 이론(그림 1-8)에 따른 것이었다. 신기술은 늘 조기수용자와 혁신가가 가장 먼저 받아들인다. 이후 대중의 인정을 받기 위해서는 조기다수자 단계로 넘어가야 하는데 조기수용자와 조기다수자 사이에 '캐즘(Chasm)'이라 불리는 골짜기가 존재한다. 신기술이 캐즘을 넘기란 굉장히 어렵다.

일부 관심이 있는 연구자와 공부하는 학생의 경우, 계속해서 AI 기술의 개발과 사용에 많은 시간과 자원을 투자해왔지만 이것이

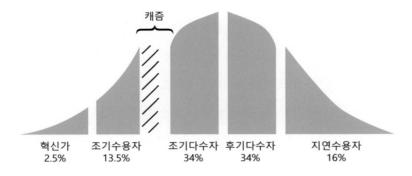

그림 1-8 기술수용주기와 캐즘

규모의 경제를 만들고 실제로 우리의 삶을 바꿀 것이라는 확신을 대중에게 주기에는 부족한 면이 있었다.

이런 와중에 구글이 인수한 딥마인드가 알파고를 만들어 2016년 3월 당대 최고의 바둑 기사였던 이세돌 9단에게 도전장을 던진다. 이때만 하더라도 구글이 왜 알파고를 만들었는지, 왜 알파고를 만들기 위해 딥마인드를 수천억 원을 주고 인수했는지, 딥마인드가 만든 AI를 돈을 지불하고 사용하는 사람이 얼마나 있을지 등을 모두가 궁금해했다.

잘 알려진 바와 같이 알파고는 이세돌 9단을 4 대 1로 이기고 AI 기술에 대한 전 세계적인 관심을 불러일으켰다. 구글은 왜 이런 이벤트를 했을까? 이에 대한 답은 이후에 벌어진 일련의 상황을 살펴보면 알 수 있다. 알파고는 생각보다 매우 전략적인 행동이었다는 것이 필자의 생각이고, 실제 그 효과는 대단했다.

대부분의 사람은 바둑에서 컴퓨터가 인간을 이기기는 어려울 것이라고 믿어왔다. 필자 또한 아직은 이세돌 9단이 이길 것으로 생각했고, 많은 전문가의 의견도 비슷했다. 그랬기에 알파고의 승리에 많은 사람이 큰 충격을 받았고 사회에도 엄청난 충격을 안겨주었다. 하지만 알파고는 AI 기술에 있어서 앞서 설명한 기술수용주기 상의 캐즘을 뛰어넘는 역할을 했다.

바둑 경기에서 당분간은 인간이 절대 AI에게 지지 않을 것이라고 했던 모든 사람이 예상을 깨고 알파고가 이김으로써, 구글이라는 회사가 2013년과 2014년에 있었던 수많은 AI 기업과 수많은 대학 연구실이 만들어낸 AI 기술 프레임워크 경쟁에서 자신이 비교 우위에 있음을 증명하는 데 성공했다. 아마도 이보다 더 좋은 마케팅 수단을 찾기가 어려웠을 것이다.

알파고의 성공은 2016년까지만 하더라도 수많은 기업이 경쟁하는 상황에 구글과 딥마인드가 한발 앞서간다는 신호였다. 그리고 이것을 실제 성과로 만들어내기 위해, 구글은 수개월 후 텐서플로의 새로운 버전을 발표했다.

텐서플로는 구글이 만든 오픈소스 프레임워크이다. 지금은 수많은 사람이 사용하는 AI 개발 라이브러리가 되었지만 ,알파고가 나오기 전까지만 하더라도 다른 경쟁 프레임워크나 라이브러리에 밀리고 있었다.

그런데 알파고 이벤트 한 달 뒤에 텐서플로에 대한 본격적인 마케팅과 함께 다양한 교육 자료가 발표되었다. 알파고를 보면서 AI를 공부하고 싶어 하는 사람들이 '만약 AI를 공부하고 기술도 개발해야 할 것 같은데 무엇으로 시작해야 하지?'라는 생각을 하고 있을 때, 구글이 텐서플로의 새로운 버전을 발표한 것이다. 구글이 만든 것이라면 이것으로 공부해야겠다고 생각하는 것이 인지상정이다. 실제로 그 효과는 대단해서 몇 개월이 지나지 않아 텐서플로는 사람들 사이에서 큰 인기를 얻었고 이 분야에서 선두에 올랐다.

그림 1-9의 그래프는 2014년부터 2018년까지 딥러닝 프레임워크 경쟁이 어떻게 진행되는지를 보여준다. 급상승하는 패턴을 보여주는 곡선이 텐서플로이고, 빨간색 수직선이 알파고 이벤트가 있었던 시기다. 이때만 하더라도 텐서플로는 당시 1등이었던 카페는 물론 테아노, 토치에도 밀리는 하위권 프레임워크였다. 그러나 알파고 이벤트를 기점으로 도입이 폭발적으로 늘어나면서 2017년이 되자 단연 1등으로 채택된 프레임워크로 자리 잡았다.

2018년 딥러닝 프레임워크 파워스코어를 여러 변수로 종합한 분석에서도 구글의 텐서플로가 1등, 그리고 텐서플로를 더욱 쉽게 쓸 수 있도록 개발한 케라스가 2등을 차지했다.

최근에는 페이스북이 리드하는 파이토치를 특히 연구자들이

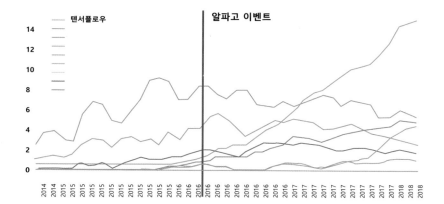

그림 1-9 딥러닝 프레임워크 경쟁 (출처: 안드레 카파치(Andrej Karpathy) 트위터 https://twitter.com/karpathy/status/972295865187512320/photo/1 그래프 패턴을 바탕으로 변형)

많이 선택하면서 점유율 격차를 많이 줄여, AI 프레임워크 양대 산맥의 시대가 열렸다고 할 수 있다. 어쨌든 가장 중요한 생태계를 주도하는 기업 중 하나가 구글이고, 이렇게 되는 데 알파고가 큰 영향을 미쳤다. 알파고는 단순히 바둑에서 인간을 이기기 위한 이벤트가 아니었다.

많은 사람이 AI에 관심을 두고 공부하고 개발하기 시작했고, 구글은 이런 변화를 시의적절하게 활용하면서 알파고 이벤트를 기반으로 AI 분야에서 선두 기업의 자리를 공고히 하게 되었다.

알파고와 딥러닝: 이찬우 전문가

이찬우 : 현재 AI 엔지니어로 일을 하고 있는데 Resonance라는 스타트업을 창업해서 활동하고 있습니다. 기존에 오르비스 AI(현재는 음성합성 AI 기업인 로보[LOVO]로 이름이 변경)라는 회사에서 감정 인식 엔진을 연구했죠. 아울러 유튜브를 통해 멀티 캠퍼스와 패스트 캠퍼스의 딥러닝 실무 강의를 한 경험이 있습니다.

정지훈 : 간단하게 말씀하셨지만, 초창기 한국에 딥러닝에 관한 학습 소재가 거의 없을 때 AI 강의를 만들기도 하셨는데요. 지금은 업스테이지를 창업하신 홍콩 과기대 김성훈 교수님이 만든 모두의 딥러닝과 함께 많은 분이 찬우님의 강의를 보고 공부했지요. 오르비스 AI 또한, 전 세계 800개가 넘는 스타트업이 지원해서 한국에서는 유일하게, 버클리 스카이덱(UC버클리에서 운영하는 세계적인 스타트업 육성 프로그램) 프로그램에 선정된 스타트업이었는데요. 이런 전도유망한 AI 스타트업을 공동 창업하기도 하셨죠. 그럼 질문에 들어가서, 알파고가 사용한 딥러닝 관련 AI 기술이 기존에 우리가 알고 있는 흔한 딥러닝하고 조금은 다른가요?

이찬우 : 결이 다르죠.

정지훈 : 그럼 알파고와 딥러닝의 차이점에 대해서, 그리고 알파고가 그렇게 바둑을 잘 둔 이유에 관해 설명해 주시죠.

이찬우 : 알파고는 굉장히 잘 만들어진 알고리듬이죠. 당시만 해도 강화학습은 널리 알려진 알고리듬은 아니었어요. 오히려 유전 알고리듬이 더 많이 알려졌는데 딥마인드 덕분에 강화학습 관련 기술이 크게 발전할 수 있었어요. 인공지능이 게임을 잘하게 만들기 위해 획기적인 시도를 많이 했다고 볼 수 있어요. 개발진이 퀄리티도 아주 높아고요. 구

글은 여기에 거의 7,000억 원을 투자하기도 했죠. 일반적인 회사가 연구 개발에 쏟는 인력이나 인프라와는 비교하기 어려운 수준입니다. 상황이 이렇다 보니, 당시만 해도 구글이 너무 비현실적인 투자를 했다는 우려가 컸죠.

정지훈 : 2013년만 하더라도 딥러닝이 이렇게 될 거라고 믿은 사람이 별로 없었잖아요.

이찬우 : 연구가 진행되고 뭔가 나오는 것 같은데 그래도 아직은 아니지 않을까 하는 상황이었죠.

정지훈 : 연구하는 것과 성과를 내는 것은 전혀 다른데요. 성과를 내겠다는 목표로 딥러닝 팀을 만들어 프로젝트에 들어갔다면, 그게 언제쯤이 될지 의사결정권자들이 많이 궁금해하지 않았을까요?

이찬우 : 지금 분위기부터 말씀드리면 연구를 통해 성과를 낼 수도 있고 돈을 벌어 비즈니스적으로 성과를 낼 수도 있죠. 한국에서도 연구를 통한 성과는 많이 나오는 것 같아요. 미국만큼은 아니겠지만, 카카오나 네이버가 과학적이고 실용적인 논문에 많은 지원을 하고 있어서 연구적 역량은 많이 성장하고 있어요.

1-6
AI · 머신러닝 · 딥러닝

 그렇다면 AI와 머신러닝, 딥러닝은 도대체 어떤 관계가 있는 걸까? 헷갈리기 쉬운 이들 용어 간의 관계를 한번 살펴보자. 간단히 말하면 AI가 가장 상위 개념이고 딥러닝이 가장 하위개념이다. AI는 머신러닝 외에도 추론이나 고파이로 불리는 심볼릭 AI, AI 플래닝 기술 등이 존재한다.

그중에 머신러닝이라고 불리는 기술이 있는 것인데, 이는 지도학습, 비지도학습, 강화학습 등 그 용도와 방식에 따라 다양한 종류가 존재한다. 머신러닝에 인공신경망 기술을 이용하는 것도 포함되는데, 그중 하나를 딥러닝이라 한다.

신경망이 깊다는 의미를 살려 '딥'러닝이라 한다. 다시 말해 딥러닝은 깊은 신경망을 이야기하는 것으로 보통 적게는 5~6개 층, 요즘에는 수백 층 이상의 깊이로 쌓은 것이 등장한다. 이런 구조를 가진 데이터 네트워크를 이용해 학습하는 것이 딥러닝이다.

그렇다면 딥러닝은 어떤 원리로 학습되는 걸까? 간단하게 알아보자.

그림 1-10에 나타난 신경망은 하얀색으로 보이는 입력층에 데이터를 입력하여 최종 출력으로 '개냐 고양이냐'를 판단한다. 예를 들어 0이면 개, 1이면 고양이라고 가정할 경우 많은 입력 데이터를 분석하여 이를 0과 1 사이의 확률로 표시해 우측 그래프 선상에 어떤 점으로 표시한다.

즉 개가 0.8이고 고양이가 0.2이면 둘이 더해 1이 된다. 이런 함수를 쓴다고 가정해보자. 대부분의 분석적인 AI는 데이터를 크게 줄여나가는 과정이다. 물과 기름을 섞은 액체를 넣어 깔때기를 통과시키면 물과 기름이 분리되는 것처럼, 신경망이 깔때기의 역할을 하는 것이다. 깔때기에 해당하는 신경망을 통과할 때 어떤 판단이 내려진다고 생각해보자.

회색으로 보이는 동그라미를 노드라고 부른다. 각각의 노드에 어떤 숫자가 들어가는 데 이를 가중치라고 한다. 이 수치는 초기에는 임의의 숫자를 아무거나 집어넣는다. 그리고 입력으로 개의 그림을 넣는다. 이 개가 실제 존재하는지를 묻기도 하는데, 사람처럼 웃는 이 개는 실제 존재하는 개의 사진이다. 이 개를 딥러닝의 신경망에 넣어 계산했더니 최종적으로 고양이 0.8, 개 0.2 이렇게 결과가 나왔다고 하자. 이 경우 우리가 0.5를 기준으로 판정한다면 고양이로 판정하게 된다. 그러면 맞았을까? 틀렸다. 학습할 때 정답이 개였기 때문에 AI는 이 결과가 틀렸다고 알려준다.

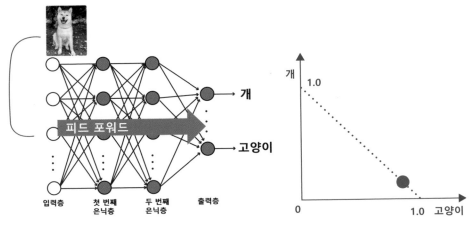

그림 1-10 딥러닝의 원리. 입력과 오류 발생

그러면 이렇게 틀린 값을 바탕으로 다시 신경망을 거꾸로 거슬러 올라가면서 신경망의 가중치 값을 변경시킨다. 틀렸으니까. 이를 에러의 역전파라고 말하며, 이때 보통 경사 하강법이라는 알고리듬을 이용한다. 이 과정에서 보통 미분 함수를 쓰는데 미분을 해도 일정한 값이 나오지 않는 미분 가능한 비선형 활성화 함수를 이용하는 경우가 많다. 쉽게 말해 에러가 생겨 기존의 가중치 값에 문제가 있음으로 이를 교정했다고 이해하면 쉽다. 다시 개 사진을 넣는다면 개에 조금 더 가까운 결과가 나온다.

이번에는 고양이 사진(그림 1-12)을 입력한다. 고양이를 처음 본 아기라면 고양이가 아니라 개라고 할 수도 있다. 이 고양이 역시 실존하는 고양이 사진이다. 이 사진을 입력으로 계산하자 역시 개 0.8에 고양이 0.2 이렇게 나왔다. 그러면 0.2를 기준으로 이번

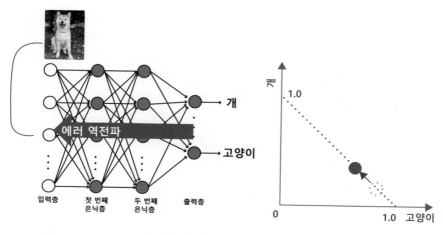

그림 1-11 딥러닝의 원리. 에러 역전파를 이용한 교정

에는 개라고 판정한다. 역시 틀렸다. 앞의 개 사진을 넣었던 경우와 같다. 틀린 부분에 에러 0.8을 통해 가중치 값을 다시 조정한다.

이 과정을 수백, 수천, 수만, 수억 장의 개와 고양이 사진을 이용해서 반복하면 어떻게 될까? 아마도 가중치 값이 제대로 조정되어, 어떤 개나 고양이 사진을 넣어도 잘못된 판정을 하지 않는 일종의 깔때기, 즉 필터가 만들어진다. 아주 간략하게 설명하면 이 깔때기와 필터를 만드는 것이 바로 딥러닝 학습 과정이라고 할 수 있다. 딥러닝의 기초를 이렇게까지 단순하게 이해해서는 안 되지만, AI와 그와 관련된 비즈니스 감각을 익히기 위한 목적이면 이 정도만 이해해도 무리는 없을 것이다.

이런 학습 과정을 거친다면 올바른 답을 가진 데이터가 얼마나

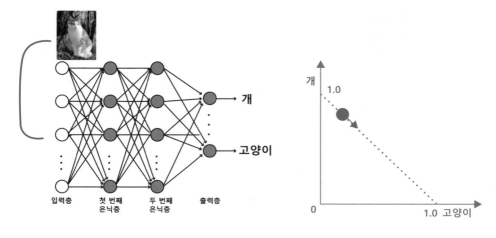

그림 1-12 딥러닝의 원리. 새로운 입력과 오류 발생, 그리고 에러 역전파에 의한 교정

많은지에 따라 딥러닝의 성능이 좌우된다. 이런 종류의 학습을 위한 연산량은 엄청나게 많고, 정교한 학습에 필요한 알고리듬이나 아키텍처는 이것보다 훨씬 복잡하다.

머신러닝과 딥러닝: 김병학 박사

정지훈: 어떻게 머신러닝을 배우게 되었나요?

김병학: 2006년에 머신러닝을 처음 시작했습니다. 제가 2011년 취업 시장에 나왔을 때는 머신러닝과 관련된 일자리가 거의 없었어요. 그래서 처음 3~4년은 머신러닝에 관련된 일보다는 신호처리에 관련된 일을 하다가 그 이후에 머신러닝이 다시 뜨면서, 관련된 일을 시작했죠. AI 공부를 하는 것도 중요했지만, 저는 일이 더 재미있었습니다.

정지훈: 머신러닝을 쉽게 정의한다면?

김병학: 그 전에 소프트웨어를 조금 더 추상적으로 이야기해보죠. 소프트웨어는 결국 'if-else 문'으로 대표되는 조건문의 집합으로 볼 수 있습니다. 크고 단순하게 보자면 말이죠. 그것을 사람이 디자인하는 거죠. 이런 경우에는 이렇게 반응하고, 저런 경우에서 저렇게 응답하고, 이렇게 소프트웨어가 개발되어 왔는데요. 지금은 이런 노력보다는 머신러닝을 통해서 개발된다고 생각하면 좋겠습니다. 데이터를 통해 프로그램을 만들 수 있는 것이 머신러닝의 한 부분이라고 생각하는 거죠.

정지훈: 여기저기에서 딥러닝, AI 하는데요. 관심이 굉장히 높아졌어요. 이처럼 이슈가 된 계기나 특별한 이유가 있을까요?

김병학 : 딥러닝에는 가장 매력적인 포인트가 두 가지 있습니다. 기본적으로 사람들이 딥러닝에 주목하기 시작한 것은 성능 때문입니다. 예전에는 기술 포화 현상이 조금 있었어요. 전 분야에 걸쳐서요. 그런데 이걸 깬 것이 딥러닝입니다. 예전에는 머신러닝 알고리듬이 있다 하더라도 어떤 문제에서 특정한 복잡도를 뛰어넘어야 하거나, 엄청난 양의 데이터가 들어가야 한다는 한계가 있었거든요. 이걸 뚫어준 게 딥러닝이고, 이것이 가치를 가진 거죠.

정지훈 : 불가능을 가능하게 만들었죠.

김병학 : 네, 그것이 가장 큰 패러다임의 변화라고 할 수 있습니다. 인식을 바꾼 거죠. 그동안 적당히 타협하면서 성능의 한계라고 봐왔던 것들이, 이제는 비용으로 치환된 거예요. 그런 점이 굉장히 매력적이라고 할 수 있습니다. 두 번째 포인트는 다양한 곳에 쓸 수 있게 되었다는 거죠. 어디에나 쓸 수 있고 어느 분야에서도 딥러닝을 고려하는 분위기가 무르익었다고 봅니다. 그래서 딥러닝으로 모든 걸 할 수 있다는 말도 나오고 있는데요. 딥러닝도 메커니즘 자체가 분야별로 세분되고 있겠지만 그래도 기본 원리는 비슷합니다.

정지훈 : 과거에는 이거 할 때는 이 알고리듬, 저거 할 때는 저 알고리듬 등 수십 가지를 잘하는 소수의 알고리듬이 각각 존재했죠. 그런데 딥러닝의 기본 원리, 물론 조금씩 변형해서 쓰겠지만 여러 분야에 적용할 수 있게 되었다는 것이 좋다는 말씀이죠?

김병학 : 맞아요. 기존의 머신러닝 알고리듬도 통하는 곳이 있고 통하지 않는 곳이 있었거든요. 이제는 딥러닝으로 다 할 수 있다는 분위기입니다.

정지훈 : 더 많이 투자할수록 더 확실하고 좋은 성능을 낼 수 있게 되었고 다양한 곳에 쓰일 수 있게 된 것이죠. 과거에 연구했던 다른 기술과는 차별화가 되었고 그것이 지금 딥러닝의 인기로 이어졌다고 볼 수 있겠네요.

2장

AI 기술

2-1
AI 기술 마인드맵

2장에서는 AI 기술 중에서 가장 주목받는 것을 알아본다. 이 책의 목표는 가장 기초적이고 중요한 AI 기술을 쉽게 이해하는 것이다. 물론 딥러닝을 중심으로 한 주요 AI 기술을 리뷰하다 보면 내용이 다소 어려워질 수 있다. 그래도 이해하려는 의지만 있다면, 내용을 충분히 소화할 수 있을 것으로 믿는다.

먼저 지금은 어떤 종류의 기술이 이슈인지 그래프를 통해 살펴보자. 그림 2-1은 지난 20년간의 논문 발표 주제 경향을 정리한 것이다.

상위를 차지하고 있는 키워드를 보면 머신러닝, 확률과 추론, 신경망, 컴퓨터 비전 등이 가장 많은 연구 대상이었음을 알 수 있

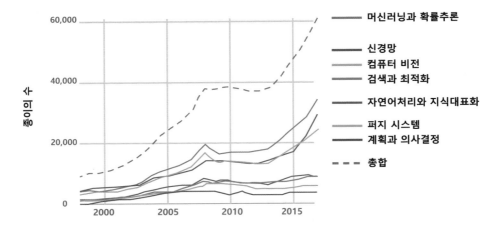

그림 2-1 1998~2017년까지의 SCOPUS AI 연구 테마 (출처 : Safe Artificial General Intelligence via Distributed Ledger Technology by Kristen Carlson)

그림 2-2 머신러닝 마인드맵 (출처 : Jason Brownlee의 머신러닝 미스터리 블로그 포스트)

다. 그다음으로 검색과 최적화, 자연어처리 등이 뒤를 잇고 있다. 연구자들은 대체로 신경망, 머신러닝과 관련된 기술을 중요하게 생각해왔다.

머신러닝만 보더라도 종류가 다양하다. 그림 2-2의 마인드맵은 제이슨 브라운리가 운영하는 블로그 '머신러닝 마스터리'에 나오는 내용으로, 머신러닝만 놓고 보더라도 매우 많은 종류의 기술이 있다는 것을 알 수 있다.

그렇다면 전반적인 머신러닝 또는 최근 AI 붐의 시대를 이끌고 있는 딥러닝 기술을 더 쉽게 이해하기 위해서는 어떤 식으로 분류하고 이해하는 게 좋을까?

먼저, 뉴욕대학교의 얀 르쿤 교수가 주장한 케이크 이론부터 살펴보자.

딥러닝과 빅데이터: 이찬우 전문가

정지훈 : AI가 이렇게 유명해진 것이 딥러닝 때문이라고 말하는 데 딥러닝은 데이터가 중요하지 않나요?

이찬우 : 네, 맞습니다.

정지훈 : 그중에서도 빅데이터 이야기가 계속 나오고 있는데 빅데이터 하면 항상 나오는 말이 도대체 데이터가 얼마나 많아야 하는지 그리고 딥러닝에서 효과적인 트레이닝하

려면 데이터가 얼마나 필요한 것인지 많이 물어봅니다. 어떻게 생각하시나요?

이찬우 : 말씀드리기가 모호한 부분이 많은데요. 사실상 상대적입니다. 어떤 모델의 크기에 따라 어떤 데이터는 2만 개도 적어 보이거나 반대로 많아 보이기도 하는데요. 딥러닝의 경우에는 큰 데이터에 최적화된 알고리듬이기 때문에 100만 건 정도면 해볼 만하고 생각할 때가 있죠.

정지훈 : 해볼 만하다고 하면 100만 건이 적다는 건가요, 많다는 건가요?

이찬우 : 아주 많은 데이터라도 할 수는 없는데요. 얻을 수 있는 데이터 자체가 100만 건이 넘더라도, 질이 좋은 데이터는 많지 않거든요. 데이터의 종류가 이미지이거나 질문 세트 같은 경우에는 100만 건이라고 보면 많다고 볼 수도 있지만, 일반 시스템 로그 같은 것이나 전화상담 로그, 이런 것이라면 100만 건도 많아 보이지 않을 수 있습니다. 데이터의 종류에 따라서도 아주 다르다고 하는데요. 100만 건 정도를 트레이닝 세트로 확보할 수가 있다면, 일단 해볼 만한 수준이라고 생각합니다.

정지훈 : 매우 큰 차이점 같아요. 전에는 머신러닝 기술이 있어도 데이터가 100만 건이라면 너무 많아 트레이닝하기도 어렵고, 연산량도 너무 많다고 생각했는데 이제는 100만 건 정도야 우습지 이런 느낌이잖아요.

이찬우 : 네, 맞아요. 예전에는 소량의 데이터로 뭔가를 해보려고 했기 때문에, 그런 차이가 나는 것으로 생각합니다.

정지훈 : 그리고 예전의 머신러닝 기술로는 1만 개에서 10만 개, 100만 개 가지고는 성능이 좋아지지도 않았죠.

이찬우 : 네, 맞습니다.

2-2
지도학습·비지도학습·강화학습

얀 르쿤의 케이크(그림 2-3)는 2016년 대표적인 AI 학회 중 하나인 NIPS(현재는 NeurIPS로 이름이 바뀌었다) 강연에서 처음 등장했다. 머신러닝 이론을 설명한 이 그림은 딥마인드의 강화학습을 저격했다는 말도 있는데, 중요한 것은 머신러닝의 가장 중요한 3개 기술을 케이크 하나로 설명하고 있어서 전반적인 내용을 이해하는데 많이 활용된다.

먼저 강화학습부터 살펴보자. 강화학습은 딥마인드의 알파고 덕분에 특히 유명해졌고, 차세대 AI 기술 중에서 가장 중요하다고 이야기하는 학자들이 많다. 그런데 얀 르쿤의 케이크에서는

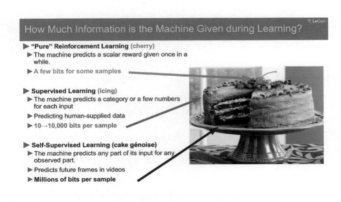

그림 2-3 얀 르쿤의 케이크 (출처: NIPS 2016 키노트 강연 슬라이드 중에서)

강화학습을 체리 한 알로 표현한다.

그런데 여기에 'Pure'라는 말을 굳이 써 놓았다. '순수한(pure)' 이라는 용어를 쓴 이유는 최근 발표되는 기존 강화학습의 약점을 보강한 최신 강화학습 기술과 구분하기 위한 것으로 보인다. 기존의 전통적 강화학습은 가끔 주어지는 단순한 값을 보상으로 이용해서 학습한다.

일부 샘플은 보잘것없는 정보에 불과하고, 게임 등의 환경에서 반복 작업이 가능한 경우에는 종종 좋은 성과를 낸다. 하지만 많은 경우 이런 상황이 별로 발생하지 않는다는 것이 문제다. 예를 들어, 바둑이라면 결국 마지막에 이기거나 지는 결과로 보상을 줄 수 있으며, 아케이드 게임이라면 점수가 올라가는지 혹은 게임 캐릭터가 죽지 않고 얼마나 오래 살아 있는지 등으로 명확히 보상을 정리할 수 있지만, 우리 일상생활에서는 보상을 그렇게 명확하게 파악하기 어렵다. 다시 말하면, 어느 정도 중요하고 특정한 영역에서 매우 효과적으로 잘 쓰이지만 흔히 알려진 것처럼 매우 중요하다고 하기에는 다소 부족하다. 그래서 케이크에서는 화려하지만 실제 먹기에는 양도 적고 전체 케이크를 설명하기에는 매우 부족한 '체리'에 비유한 것이다.

다음으로 많이 언급되는 지도학습(Supervised Learning)에 대해 알아보자. 지도학습은 얀 르쿤의 케이크에서는 '아이싱(icing)'으로 표현되었다. 케이크를 보면 빵이 있고 바깥에 크림으로 되어 있는 아이싱이 있다. 아이싱의 양은 케이크의 빵처럼 많지 않지만 케이크의 화려한 질감과 맛에 큰 영향을 미친다.

지도학습은 인간이 제공한 데이터를 이용해서 기계가 학습하기 때문에, 주로 예측모델을 만드는 데 활용된다. 샘플당 보통 10에서 10만 비트 정도 되는 샘플 정보를 이용하는 경우가 많고(절대적인 것은 아니다. 얀 르쿤이 다소 과하게 데이터 크기를 한정한 감이 있다), 보통은 이미지라든지 이미지를 설명하는 단어를 많이 활용하고, 기계가 이를 바탕으로 학습한다. 어떤 카테고리에 들어가는지 분류하기도 하고, 예측하는 종류의 작업이 많다.

그렇다면 비지도학습(Unsupervised Learning)은 무엇일까? 비지도학습은 얀 르쿤의 케이크에서 '빵'으로 비유된다. 데이터의 양으로 보면 제일 많은 것이 비지도학습과 예측모델에 들어가는 데이터이다. 샘플당 수백만 비트가 될 수도 있고, 정답이 없는 데이터는 정말 많이 얻을 수 있기 때문에 데이터를 얻기도 편하다.

이 기술이 발전하면 다양한 수준의 예측 기술을 만들 수도 있고, 적용할 수 있는 분야도 넓다. 다만 그만큼 자유롭기때문에 해야 할 일과 고려해야 할 것이 무척 많다. 그렇기에 케이크에서 가장 많은 양을 차지하고 있지만 다소 심심할 수 있는 빵으로 비유된다.

얀 르쿤의 케이크를 지나치게 비지도학습의 중요성을 강조하고, 강화학습을 비하한 것 아니냐는 비판도 있다. 하지만 현재 머

비지도학습   지도학습

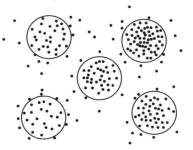
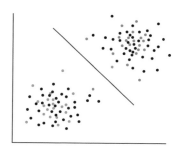

그림 2-4 비지도학습 vs. 지도학습 (출처: Edward Wu의 블로그 포스트 중에서 https://www.
extrahop.com/company/blog/2019/supervised-vs-unsupervised-machine-learning-for-network-
threat-detection/)

신러닝 기술이 활용되는 상황들을 보면, 얀 르쿤의 케이크가 현실
을 비교적 잘 반영하면서 가장 직관적으로 설명하고 있다고 말할
수 있다.

그러면 얀 르쿤의 케이크에서 언급된 머신러닝의 3대 기술을
좀더 자세히 알아보자.

그림 2-4는 지도학습과 비지도학습을 수학적 그래프로 간단
히 설명하고 있다. 좌측의 그래프에는 이것이 어떤 클래스인지
알려주지 않는다. 그냥 다양한 방식으로 뿌려져 있는 점들의 군
집을 찾아내서 그룹으로 구분할 뿐이다. 각각의 동그라미를 클
래스 1, 클래스 2로 명명할 수도 있다. 하지만 이들 클래스에 들
어가지 않는 바깥의 점들도 존재한다. 이처럼 '어떤 것이 무엇이

다'라는 답을 주지 않고 기계가 학습해서 알아내는 방식을 비지도학습이라 부른다.

그렇다면 우측의 그래프는 무엇이 다른가? 오른쪽 역시 점의 분포인데 클래스 1과 클래스 2가 어떤 것인지 파란색과 연두색으로 표시를 하고 있다. 그리고 잘 모르는 것들은 검은색으로 표시했다. 이 색깔은 점에 대해서 아는 사람이 결정한 것이다. 이들 점에 대해서 아는 사람이 이것은 클래스 1, 저것은 클래스 2라고 지도한 것인데 이를 레이블(Label)이라 부르며, 레이블을 가진 데이터를 이용해 학습하는 것을 지도학습이라 부른다.

지도학습 알고리듬으로 딥러닝과 같은 딥 네트워크를 이용해서 학습한다고 하면, 이를 딥 네트워크를 이용한 딥러닝 지도학습이라고 한다.

조금 더 직관적인 사례로 이해해보자.

그림 2-5에서 왼쪽이 지도학습, 오른쪽이 비지도학습이다. 위에는 오리 두 마리가 보이고 순서대로 토끼와 고슴도치가 자리 잡고 있다. 왼쪽의 상황에서는 각각 오리냐 아니냐를 판정해서 지도학습 알고리듬에 알려준다.

이제 이 알고리듬을 바탕으로 예측모델을 만들어 판정한다. 오리냐 아니냐를 판정하는 것을 학습하는 데 사용한 오리 두 마리, 토끼, 고슴도치 데이터 세트는 학습시킬 때 사용하는 것이어서 트레이닝 세트라고 부른다. 이렇게 얻은 예측모델에 테스트를 위

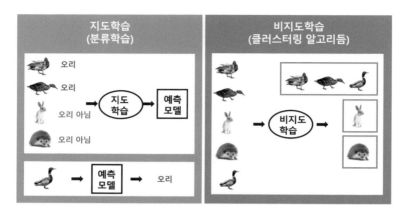

그림 2-5 지도학습 vs. 비지도학습 (출처: Hengky Sanjaya의 블로그 포스트 중에서 https://medium.com/hengky-sanjaya-blog/supervised-vs-unsupervised-learning-aae0eb8c4878)

해 그동안 보지 못했던 오리 사진을 입력한다. 그랬더니 예측모델에서 이 경우에는 오리라고 올바르게 판정한다. 이렇게 테스트를 위해 사용하는 데이터 세트를 테스트 세트라고 부른다. 일반적으로 트레이닝 세트와 테스트 세트를 이렇게 나누어 학습과 판정을 해야 지도학습이 잘 작동한다.

비지도학습의 경우는 어떨까? 비지도학습에서는 트레이닝 세트와 테스트 세트를 구분하지 않고 오리 세 마리, 토끼 한 마리, 고슴도치 한 마리를 모두 사용한다. 알고리듬이 이들 간의 유사성을 가지고 그룹을 나눈다. 그랬더니 오리 세 마리를 한 그룹으로 묶었고, 토끼 한 마리와 고슴도치 한 마리를 각각의 그룹으로 묶었다.

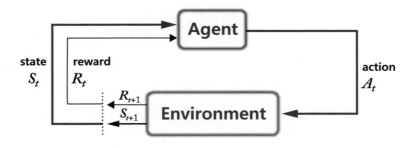

그림 2-6 강화학습을 가장 단순하게 설명하는 도식

(출처: https://www.kdnuggets.com/2018/03/5-things-reinforcement-learning.html)

이 과정에서 사람이 정답을 쓴다든지, 이것이 뭐라고 규정하는 등의 작업에 일체 개입하지 않는다. 지도하지 않기 때문에 비지도학습이라 부른다. 이처럼 비지도학습 경우에는 정답이 달린 데이터를 필요로 하지 않는다. 이것이 가장 큰 차이점이다.

그렇다면 강화학습은 어떤 것일까?

그림 2-6의 모델을 처음 보면 수학처럼 느껴져 다소 어려울 수 있지만, 강화학습을 가장 단순하게 잘 정리한 도식이다. 복잡해 보이지만 해석하다 보면 의외로 쉽게 이해할 수 있다. 가장 중요한 것은 학습하는 에이전트와 이것을 둘러싸는 환경으로 이루어져 있다는 것을 아는 것이다.

강화학습에서는 에이전트와 환경이 다양한 변화가 있을 때마다 서로 정보를 주고받으면서 학습한다. 이때 현재의 상태를 나타내는 것을 '스테이트(State)'라고 부르며, 어떤 특정 시간(t)의

집(환경)

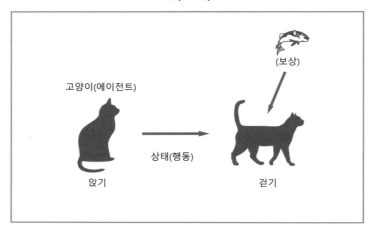

그림 2–7 강화학습 고양이와 생선으로 비유한 그림
(출처: https://www.guru99.com/reinforcement-learning-tutorial.html)

상태를 'St'라고 한다. 다음에 에이전트가 어떤 행동을 하면 이를 '액션(Action)'이라 하는데 액션이 진행되면 스테이트가 t+1 시간의 상태를 의미하는 St+1로 바뀐다.

이 액션에 따라 어떤 경우에는 잘되고, 그렇지 못한 경우가 각각 존재한다. 잘된 경우에 보상(Reward)을 준다. 보상을 타임 t+1에 주면 'Rt+1'이라 표현한다.

파블로프의 조건반사를 기억하는가? 개에게 음식을 주고 벨을 누르는 실험이 연상될 것이다. 이런 작업을 꾸준히 반복하면 이 모델은 특정 환경에서 특정한 에이전트가 상호작용하는 방식을 보상을 통해 적절하게 유도할 수 있다. 이렇게 학습하는 것을 강화학습이라 한다.

조금 더 쉬운 그림으로 살펴보자. 그림 2-7은 고양이 훈련을 강화학습에 비유한 것이다. 집과 주인이 환경이고, 고양이가 에이전트이다. 고양이가 앉아 있으면 앉아 있는 상태이다. 그러다가 고양이가 액션을 하면서, 걷기라는 상태로 바뀐다. 이때 주인이 보상으로 생선을 준다.

생선을 주면 어떻게 될까? 보상을 받으려고 고양이가 계속 걷는다. 걸을 때마다 생선을 받아먹는다. 현실 세계에서는 먹다가 배부르면 그만둘 것이므로 실제로는 이런 상황이 발생하지 않는다. 하지만 게임이나 컴퓨터 환경에서는 계속해서 보상을 받을 수 있음으로 고양이는 계속 걷는다. 이렇게 학습하는 것이 강화학습이다.

이제 전체를 살펴보자. 머신러닝의 주류로는 지도학습, 비지도학습, 강화학습이 있다. 장점과 단점이 각각 존재해 어떤 것이 정답이라고 할 수는 없다.

지도학습을 하려면 정답이 있는 데이터가 충분히 있어야 한다는 것이 큰 단점이다. 정답이 있는 데이터가 있어야 하므로 때에 따라서는 사람들이 직접 레이블을 붙여야 하는 경우도 있다. 반면에 원하는 작업을 비교적 정확하게 할 수 있다는 것이 장점이다. 그래서 일이 정해져 있고 데이터가 풍부한 경우에는 지도학습을 이용한다.

그에 비해 비지도학습은 데이터만 있으면 된다. 대신 적은 양의 데이터로는 학습이 잘 안 된다. 이는 곧 데이터가 많아야 한다는 말이다. 그렇지만 학습을 위해 정답을 부여하지 않아도 되므로 쓸모 있는 데이터가 많다면 쉽게 적용할 수 있다.

문제는 지도학습과 비지도학습을 무처럼 잘라서, 여기에는 이것을 쓰고 저기에는 저것을 쓰는 경우가 거의 없다는 사실이다. 상황에 따라 적절하게 섞어 사용하는 것이 가장 바람직하다. 예를 들면, 비지도학습으로 적당한 클러스터를 찾고 그다음에 이름을 붙인 뒤 지도학습을 다시 하는 식으로 학습할 수도 있다.

현재 확보한 데이터가 거의 없는 경우라면 강화학습이 유일한 방법이다. 강화학습의 경우에는 에이전트가 실패나 성공을 할 때마다 학습하므로 계속 반복하면서 데이터가 저절로 생성된다. 즉, 데이터가 저절로 생성된다는 의미다. 어린아이가 넘어지면서 걷는 것을 배우는 것과 비슷하다. 강화학습은 반응에 적응하는 방식으로 배우기 때문에 모델만 잘 만들면 다양한 곳에 활용할 수 있다. 딥마인드 같은 회사가 강화학습을 통해 일반지능 기술을 개발하는 데 활용하겠다고 하는 것도 이런 이유다.

하지만 데이터가 별로 없을 때 반복적으로 어떤 작업을 할 수 있도록 환경과 에이전트를 정의하는 작업, 많은 수의 시행착오를 거칠 수 있도록 하기가 그렇게 쉽지만은 않다. 그래서 실제로 적용할 수 있는 영역이 상당히 적다. 게임과 같은 환경에서는 반복적인 시도와 실수를 쉽게 할 수 있어서 강화학습을 쉽고 효율적으로 적용할 수 있다. 일단 환경에 들어가서 이것도 해보고 저것도 해보면서 학습하는 데 큰 부담이 없기 때문이다. 게임이 아니라 실제 자동차 주행 데이터로 강화학습을 하는 상황이라면 이는 더욱 불가능하다. 큰 사고가 여러 차례 생겨야 학습할 수 있는 상황을 누가 허용할 수 있겠는가.

이처럼 AI에도 여러 종류가 있고, 주류라고 할 수 있는 머신러닝에도 다양한 유형의 기술이 존재한다. 명확한 정답을 찾기보다는 이들의 차이를 이해하고 적절하게 활용하는 능력을 기르는 것이 무엇보다 중요하다.

수학과 관련한 조언: 이찬우 전문가

정지훈 : AI나 딥러닝을 공부할 때 기본 원리는 수학에서 시작하잖아요. 행렬과 벡터. 흔히 말하는 선형대수라는 것이 기본이라는 말이 많은데요. 일부 비판가들은 교육 과정에서 선형대수, 행렬, 벡터를 빼고 있는 상황에서 AI를 어떻게 가르치냐는 의견을 제시하고 있어요. 그런 분들에게 어떤 조언을 해주시겠습니까?

이찬우 : 저는 수학부터 공부하기 시작했다기보다는 딥러닝을 먼저 접하고 거기에 필요한 수학 지식을 하나하나 찾아 나가는 방식으로 공부했습니다. 대체로 이런 방식을 추천

하는 편이에요. 처음에는 흥미가 더 중요한데요. 수학을 먼저 파고들면 끝이 없죠. AI를 하기 위해 수학을 먼저 하다가 의지가 꺾이는 경우가 많아요.

정지훈 : 초반에 기본적으로 선형대수를 알아야겠다 하다가는 결국 포기한다는 말이죠.

이찬우 : 네, 그렇습니다. 그런 경우가 많기 때문에 일단은 먼저 AI에 흥미를 느낄 겸 AI를 먼저 접하고 공부해 보는 것도 괜찮다고 생각합니다. AI에서도 보통 딥러닝을 많이 이야기하는데, 딥러닝의 경우에는 다른 머신러닝 알고리듬보다 상대적으로 접근하기 좋다는 생각이 들어요. 머신러닝을 먼저 하면 어려운 통계도 이해해야 하고, 아무래도 오랜 기간 숙성된 알고리듬이 많죠. 딥러닝을 접할 때는 수학을 먼저 생각하지 말고 개념적인 것부터 하나하나 흥미를 갖다 보면, 수학이 필요할 때가 오거든요. 공부하다 보면 자연스럽게 수학이 필요해지는 경우가 있는데, 대학교 2학년 수준의 수학 실력이면 필요한 이론의 대부분을 커버할 수 있다고 생각합니다. 물론 논문이나 더 어려운 수학을 익히기도 하지만 그건 그때 공부하면 되는 거죠. 일반적으로 사용하는 수학 수준이 사실상 그리 높지 않음으로 먼저 흥미를 키우고 그때그때 필요한 수학만 배워도 충분하다고 생각합니다.

정지훈 : 저희 때는 행렬, 벡터를 기본적으로 배웠기 때문에 그 정도 수준이면 충분하다고 이야기했죠.

이찬우 : 고등학교 수학에서 매우 중요한 이론들이 많이 나오거든요. 사실상 고등학생들도 요즘 AI 공부를 많이 합니다. 대학교 수준은 조금 더 깊이 파고드는 것으로 생각하면 되고요. 고등학생 수준의 수학만 알더라도 AI의 아주 기본적인 개념이나 데이터를 생각하는 방식 정도는 충분히 파악할 수 있다고 생각합니다.

정지훈 : 그래서 이 책에도 아주 복잡한 수학 공식은 별로 없어요.

이찬우 : 네 아주 좋습니다. 처음부터 수학이 나오면 너무 어려워지거든요. 뭔가 범접하기 힘든 분야라고 일단 겁부터 먹으니까요.

정지훈 : 그렇죠. 수학이 나와도 이런 공식이 있다. 이렇게 생긴 것이 있다는 정도로 이야기하고 넘어갑니다. 그게 더 나은 거 맞죠?

이찬우 : 네. 저는 그게 중요하다고 생각합니다. 흥미를 무시할 수 없기 때문이죠.

2-3
합성곱신경망

 이제 본격적으로 딥러닝 기술 분야에서 가장 주목받고 있는 신경망 모델에 관해 알아보자.

첫 번째는 합성곱신경망(Convolutional Neural Network, CNN)이라 불리는 네트워크이다. CNN 하면 대부분 세계적인 뉴스 채널을 떠올리겠지만, AI를 조금이라도 공부했다면 얀 르쿤이 만들어낸 이미지 분야 그리고 이미지와 영상 분야에서 최고의 성능을 보여주는 네트워크 모델이라 말할 수 있어야 한다.

CNN 네트워크의 전체 구조를 보자(그림 2-8). 보통은 이미지나 영상을 학습할 때 많이 쓰이는 구조지만 자연어처리를 할 때도 언어나 단어를 벡터로 된 토큰으로 1차원이나 2차원 배열을 만

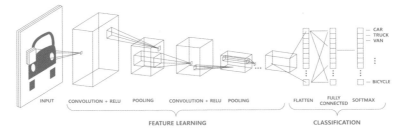

그림 2-8 CNN의 일반적인 구조

(출처 : https://towardsdatascience.com/a-comprehensive-guide-to-convolutional-neural-networks-the-eli5-way-3bd2b1164a53)

들어 이미지처럼 배열해서 사용할 수도 있어서, 요즘에는 자연어처리에 사용하기도 한다. 그렇지만 역시 주된 사용처는 이미지나 영상 데이터를 활용하는 경우이다. 공간적인 데이터를 가지고 있는 경우 매우 잘 작동한다.

보통 이미지를 입력하여 이것이 자동차인지, 트럭인지, 자전거인지를 분류하여 출력하는 방식으로 작업을 한다. 이 네트워크가 돌아가는 방식을 보면 입력된 이미지의 크기를 계속 컨볼루션(convolution) 연산으로 줄여가면서 이미지의 특징을 뽑아낸다. 이런 특징을 '피처(feature)'라고 부르는데 피처를 뽑아내기 위해 합성곱신경망의 네트워크가 구조적으로 이용된다. 각각의 데이터 계층은 이 연산을 계속 반복하면서 깊이를 더해간다.

반복되는 구조에서 입력과 출력을 제외한 나머지는 계층은 외부에서 직접적으로 보이지 않기 때문에 이것을 '은닉층(hidden layer)'이라 부른다.

은닉층 내부를 살펴보자. 처음에는 조금씩 네트워크 계층을 통과할 때마다 데이터의 크기가 줄어든다. 컨볼루션과 'ReLU'라고 불리는 활성화 함수연산 파트가 있다. ReLU 이외에도 다양한 활성화 함수연산을 하기도 하는데 이는 비선형성을 부여하기 위한 것으로 역전파를 통해 학습하는 데 필요한 과정이다. 그리고 이미지의 시야 범위를 줄이기 위해 '풀링(pooling)'이라는 작업을 한다. 그러고는 다시 컨볼루션과 ReLU, 풀링을 여러 차례 반복한다. 3~4번 정도에서 반복이 끝나는 것도 있지만 수백 번 반복하도록 네트워크를 설계하기도 한다. 이렇게 계층이 깊어지면 이를 '심층신경망(Deep Neural Network, DNN)'이라 부른다.

마지막에는 1차원 데이터로 풀어내는데, 이 데이터를 계산해서 확률값을 내보낸다. 전체 분류 수치를 모두 합쳤을 때 1을 만드는 것이다. 예를 들어, 차(car)가 0.1, 트럭(truck)이 0.2 등으로 전체 분류 값을 모두 더하면 1이 된다. 이런 식으로 만드는 대표적인 연산식이 소프트맥스(Softmax)이다. 소프트맥스는 모든 값을 더해 1을 만드는 함수 중 하나이다.

위 계산이 정확히 어떻게 이루어지는지에 대한 자세한 설명은 이 책의 범위를 넘어선다. 관심이 있다면 CNN과 관련된 머신러닝에 온라인 강의를 참고하기 바란다.

핵심이 되는 컨볼루션 연산에 대해서는 조금 더 자세히 살펴보자. 컨볼루션 연산(그림 2-9)을 간단하게 설명하면, 격자에 들어가 있는 데이터를 계산하는 방식이다. 연산을 위해 필터라는 것을 이용하는데, 그 크기는 다양하게 설정된다.

그림 2-9의 경우처럼 3×3 격자를 많이 이용하는데, 왼쪽 위에 3×3 격자와 가운데 있는 필터에 3×3 격자가 각각 해당하는 셀의 값을 모두 곱한 후, 이 값을 다시 더한다. 예를 들어, 가운데 셀의 값의 경우 -8이 되는데 이 값을 3×3 격자의 한 가운데에 적는다. 이런 식으로 오른쪽으로 한 칸 움직이고, 한 칸씩 반복해서 움직인 후 아래쪽으로 한 칸 움직여 반복하는 방식으로 돌아가면서 계산하면, 비어 있는 격자들에 숫자가 채워진다. 이렇게 계산하는 것을 컨볼루션 연산이라 한다.

이렇게 연산을 하는 이유는 주변 값들이 필터에 들어가 있는 어떤 특징적인 값들과 동일하게 곱해지고 더해지기 때문에 주변 격자의 값에서 연관성을 찾아낼 수 있기 때문이다.

필터 격자의 값들도 다양하게 변형해가면서 쓸 수 있다. 그런 다음 ReLU 연산과 같은 활성화 함수를 통과하는데 활성화 함수는 비선형성을 만들기 위한 것이다. 행렬 계산 중에서 선형연산(벡터와 공간을 대상으로 하는 수학 연산 방식으로 행렬 계산 등이 대표적이다)은 보통 덧셈과 곱셈으로만 이루어진다.

문제는 이런 선형연산은 오차를 이용해 역전파를 계산해서 학

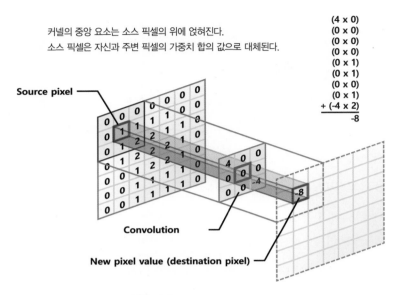

그림 2-9 컨볼루션 연산이 이루어지는 방식

(출처: https://medium.com/@bdhuma/6-basic-things-to-know-about-convolution-daef5e1bc411)

습할 때 경사하강법을 이용하는데, 덧셈과 곱셈으로만 이루어진 연산식의 경우 미분을 하면 상수의 미분 값이 나오기 때문에(예를 들어 '3x +4'를 미분하면 '3') 수치의 변화가 없고, 이는 결국 학습되지 않는다는 것을 의미한다. 따라서 선형으로 되어 있는 계산식으로는 현재의 딥러닝의 주류인 역전파를 이용한 학습이 불가능해진다. 어쩔 수 없이 비선형으로 만드는 작업이 불가피하다. 이렇게 비선형으로 만들어진 값은 미분하면 값의 변동성 때문에(상수가 아닌 변수가 살아 있음) 역전파를 통한 경사하강법을 이용해 학습을 시킬 수 있다.

비선형을 만드는 데 사용할 수 있는 함수의 종류는 매우 많은데, 그동안 전통적으로 가장 많이 사용한 것은 S자 모양의 분포를 만들어주는 시그모이드(Sigmoid) 함수이다. 그다음으로 tanh 등의 함수도 많이 사용되었는데 최근 딥러닝 기술이 발전하면서 성능이 좋고 계산이 쉬운 ReLU와 그 변형 함수들이 많이 사용되고 있다.

ReLU는 max(0, x)라는 수식으로 표현된다. 간단히 설명하면, 0과 x 중 더 큰 값을 취한다는 것을 의미하며, 0보다 작은 수가 x에 대입되면 0이 나오고, 0보다 큰 값을 대입하면 대입된 값이 그대로 출력된다는 말이다. 이 함수를 그래프로 그리면 그림 2-10과 같다.

이후 ReLU를 조금 변형한 활성화 함수들이 발표되고 있는데 Leaky ReLU, Maxoutt, ELU, GELU 등이 있다. 그림 2-10에서 보듯이 ReLU에 약간의 곡선이나 음수 값을 입력할 수 있게 변형한 것이다. 이들 각각에 대해 너무 자세히 알 필요는 없다. 좀더 공부하고 싶다면 CNN에 대한 심도 있는 온라인 강의를 찾아보기를 권한다.

다음에 수행하는 작업은 풀링이다. 풀링은 비교적 쉬운 개념으로, 넓은 영역에 들어가 있는 데이터를 줄여나가는 작업이라 생각하면 된다. 우리가 하려는 것은 커다란 이미지 데이터를 줄여

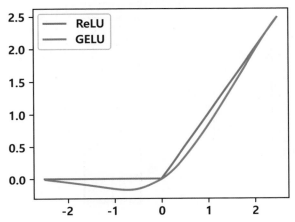

비선형성

그림 2-10 ReLU와 GELU 함수

1차원 데이터로 최종 변형하여 거기에 확률을 넣어 분류하는 것이다. 그러므로 데이터를 줄이기 위한 연산이 필수적인데 이때 쓰는 것이 풀링이다.

풀링 방식에는 흔히 두 가지가 존재하는데, 맥스 풀링(Max Pooling)과 에버리지 풀링(Average Pooling)이 있다. 맥스 풀링은 격자에 있는 값 중에 제일 큰 것을 선택하는 것이고, 평균을 계산해서 풀링을 하면 에버리지 풀링이 된다.

그림 2-11을 보면 12, 20, 8, 12라는 격자에서는 20이 가장 큰 값이다. 맥스 풀링에서는 20이 좌측 상단 셀에 입력된다. 오른쪽의 30, 0, 2, 0 같은 경우에는 30이 가장 큰 값이므로 우측 상단 셀에는 30이 입력된다. 같은 방식으로 34, 70, 112, 100 같은 경우에

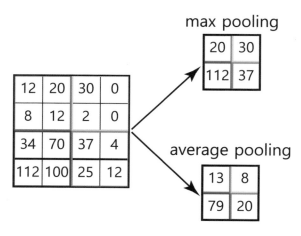

그림 2-11 맥스 풀링과 애버리지 풀링

(출처: https://poojamahajan5131.medium.com/max-pooling-210fc94c4f11)

는 112가 입력되고 37, 4, 25, 12의 경우에는 37이 선택된다. 이에 비해 애버리지 풀링은 평균값이 입력되는데 12, 20, 8, 12의 경우 12+20+8+12/4인 13이 입력되고, 같은 방식으로 각각의 2×2 격자의 평균값인 8, 79, 20이 입력된다. 이것이 애버리지 풀링이다. 일반적으로는 맥스 풀링이 좀더 많이 쓰이고 있다.

위의 예에서는 2×2 격자를 이용한 풀링을 보여주었는데 이를 통해 전체 데이터의 시야가 4×4이던 것이 2×2로 가로와 세로가 모두 반으로 줄어든 것을 알 수 있다. 이때 격자를 3×3, 4×4, 더 나아가서는 7×7처럼 크기를 선택할 수도 있다. 그런데 너무 큰 격자를 선택하면 데이터 시야가 줄어드는 속도가 빨라서 딥러닝 네트워크 계층을 깊게 쌓을 수 없다.

예를 들어, 7×7 격자를 이용하면 이미지가 아무리 크다고 해도 7:1 비율로 매층 지날 때마다 차원이 줄어들기 때문에 몇 개의 층만 지나도 데이터가 너무 작아진다. 그래서 요즘에는 이 비율을 아예 1 대 1로 계산해서 깊이 쌓게 만든다. 어느 정도 구조로, 어느 정도 깊이로 어떻게 만드는 것이 최적인지를 알아내는 것이 일종의 노하우이다. 어떤 구조가 제일 좋은지 알아내는 방법은 많은 실험을 통하는 수밖에 없다. 물론 최근에는 자동으로 네트워크의 구조를 찾아내는 AutoML이라는 기술이 등장하기도 했는데, 일단 이 정도의 기본적인 개념 정도는 이해하기를 바란다.

정리해보자. 이미지가 입력으로 들어오고 결과적으로 맨 마지막으로 출력하는 것은 분류의 결괏값이다. 예를 들어, 확률값으로 0.1, 0.3 이런 식으로 값을 출력하고, 이 중에서 가장 높은 수치가 나온 것으로 분류한다. 은닉층에서는 컨볼루션 연산을 하고, 활성화 함수에 넣어 비선형성을 확보해 학습 가능하게 만들며, 데이터의 크기를 줄이기 위해 풀링 작업은 계속해서 반복한다. 마지막으로 1차원 배열의 형태로 데이터를 풀어내고, 여기에서 분류하고자 하는 분류 레이블에 따라 확률값을 소프트맥스라는 함수를 이용해 계산해낸다.

이런 구조가 딥러닝을 AI의 패러다임 변화의 주요 기술로 만들었다. 정답을 알고 있는 데이터만 충분하다면 맞고 틀렸다는 결론을 정할 수 있고, 틀렸을 경우에는 역전파를 해서 가중치 수치를 계속 바꾸어가며 반복 학습한다. 이 구조가 바로 이미지와 동영상 분야에서 탁월한 성능을 내는 CNN이다.

2-4
순환신경망

CNN 다음으로 딥러닝에서 유명한 구조가 순환신경망(Recurrent Neural Network, RNN)이다. CNN은 주로 이미지같이 주변 정보를 결합해서 특징을 잡아가는 구조로, 언어나 음성 같은 경우에는 기하학적인 주변 정보가 별로 없고 시간에 따라 데이터가 차례대로 들어오는 형태다. 이런 데이터에 대해서는 CNN과 다른 네트워크 구조가 더 적합할 수 있다.

음성이나 언어 데이터처럼 시간 축에 연결된 신경망을 구성해야 할 경우에는 하나의 은닉층을 만들어 은닉층이 시간에 따라 늘어가게 만들 수 있다. 재귀적으로 은닉층이 다음 층에 연결되고, 그다음 층에 연결되고, 기차처럼 시간 t에 따라 차례대로(1, 2, 3, 4, 5, 6, 7, …… 이런 식으로) 연결되는 네트워크 구조를 '순환신경망' 또는 '재귀신경망'이라 부른다. 재귀신경망이라 부르는 이유는 기차처럼 계속 연결되는 구조를 반복되는 하나의 구간으로 앞뒤가 서로 연결되는 것처럼 표시할 수 있기 때문이다. 수학적으로는 이런 구조를 재귀적이라 부른다. 그리고 이런 재귀성은 반복을 동그랗게 회전하는 화살표로 표시한다. 이렇게 시간 축에 따라 계속 연결되는 구조를 재귀성을 가지고 있다고 하며, 재귀성을 가진 신경망을 '순환신경망'이라 부른다. 이런 구조로 되어 있어서, 시계열 형태의 데이터로 표현되는 자연어처리나 음성 인식 분야에서 많이 사용되었던 네트워크이다.

'많이 사용되었던'이라는 과거형으로 표현한 이유는 최근 주의(Attention) 기반의 네트워크 중에서 트랜스포머(Transformer)라고 불리는 네트워크 구조가 순환신경망보다 자연어처리나 음성 분야에서 탁월한 성능을 내면서 순환신경망이 단독으로 활용되는 경우가 크게 줄어서다. 그렇지만 여전히 순환신경망 구조는 여러 가지 복합적인 AI 프로젝트에서 일종의 구성요소로 많이 채용되고 있기도 하고, 가장 기초적인 형태의 구조이어서 기본적인 내용을 알고 있어야 한다.

순환신경망이 구조적으로 취약하다는 지적을 받는 가장 큰 이유는 길어지면 학습이 잘 안 되는 이른바 경사의 사라짐(Vanishing Gradient) 현상이다. 이를 이해하기 위해서는 앞에서도 일부 언급한 바 있는 경사하강법에 대한 기본적인 이해가 선행되어야 한다. 경사하강법은 틀린 정도가 크면 클수록 빠르게 경사

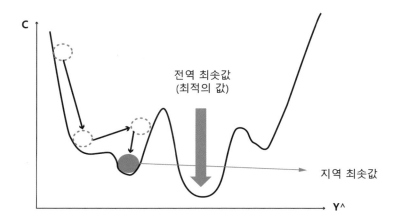

그림 2-12 경사하강법과 지역 최솟값, 전역 최솟값

를 타고 하강해서 최적의 값을 효과적으로 구하는 방법으로, 그림 2-12를 보면 이해에 도움이 된다.

우리가 찾아야 하는 것은 오차 수치가 가장 적게 발생하는 전역 최솟값으로, 그림에서 가장 깊은 골짜기 지점이다. 이 값을 찾아가야 하는데 그곳까지 가지 못하고 여기저기 작은 골짜기와도 같은 지역 최솟값에 빠져 잘 나오지 못하기도 한다. 결국 기울기에 따라(기울기는 접점의 미분 값으로 구한다) 하강하면서 최솟값을 찾아가기 때문에 경사하강법이라 부르게 된 것이다.

학습이 진행될 때, 예를 들어 긴 문장을 학습한다면 맨 마지막 문장의 마지막 단어까지 온 다음에야 그 문장이 어떤 의미였다는 답을 주고 학습하게 된다. 그러면 결국 맨 마지막 단어에서부터 경사하강법을 통해 차례대로 학습하게 될 텐데 마지막 문장의 마지막 단어에 가까운 것들은 미분 값들의 변동이 충분한 수준이 되기 때문에 비교적 오차를 잘 교정하지만, 첫 문장의 첫 단어의 경우에는 마지막 문장의 마지막 단어에서 시작해서 계속 미분을 거듭하면서 경사 값을 이용해 학습하기 때문에 미분 값의 수치가 작아져 거의 0에 가까운 변동성을 가지게 되고, 변동성이 0이 되었다는 것은 변하지 않음으로 이는 학습이 되지 않는다는 것을 의미한다. 이를 '기울기가 사라진다'라고 표현하는데 기울기가 사라지면 당연히 학습은 이뤄지지 않는다.

선형연산이 될 경우 미분하면 상수가 나와서 아무것도 변하지 않았던 것과 같은 현상이 이 경우에 나타나는 셈이다. 문장이 조금만 길어져도 이런 현상이 나타나면서, 순환신경망의 구조는 근본적인 결함을 가지고 있다. 그렇다면 이 문제를 어떻게 해결해야 할까?

이 문제 해결을 위해 제시된 것이 기억(memory)이다. 이 중 가장 유명한 것이 LSTM(Long Short Term Memory)이며, 그다음으로 유명한 것이 뉴욕대학교 조경현 교수가 만든 GRU(Gated Recurrent Unit)이다. 이들 네트워크는 은닉층에 이전 계층의 값을 더해서 저장한다. 과거 값을 고려해 기억하게 만드는 것이다. 이것을 기억장치(Memory Unit)라고 부른다. 잊어버리려는 것을 기존의 것으로 되살려보려는, 그렇게 해서라도 더 학습시키려는 노력에서 나왔다.

물론 이렇게 만들어도 아주 긴 문장이나 글에서는 동일한 문제가 발생한다. 그래서 순환신경망은 언제나 기울기 소실 문제, 학습이 잘 안 되고 경사가 사라지는 현상을 해결하는 것이 난제로 남아 있다.

이렇게 딥러닝의 간판선수이자 가장 전통적인 구조라고 할 수 있는 CNN과 RNN이 어떻게 생겼는지 그 차이를 간단히 알아보았다. 사실 이런 구조에 대해서도 제대로 공부하려면 훨씬 더 깊이 있는 강의를 듣고 공부해야 한다. 그렇지만 여기서는 CNN과 RNN이 어떻게 다르고, 어떤 문제점을 가지고 있으며, 어디에 유리한지 정도만 제대로 이해하면 충분히 그 목적을 이룬 것으로 볼 수 있다.

그렇다고 해서 어떤 문제를 풀 때, 반드시 CNN과 RNN 중 하나를 선택해야 하는 것은 아니다. 같이 써야 하는 경우도 많다. 예를 들어, CNN으로 주로 주변의 공간적인 특징을 잡아내어 이미지 인식이나 동영상에 활용하고, RNN으로 시간적인 데이터를 처리하면서 자연어처리나 음성인식을 해야 하는 경우이다. 또한 두 가지를 순차적으로 활용해야 하는 경우도 많다. 반드시 하나를 선택해야 한다기보다, 두 개의 신경망과 딥러닝 방법이 어떤 특징을 가졌는지 공부하고 적절하게 활용하는 방법을 배우고 익히는 것이 중요하다.

딥러닝 소스 추천: 이찬우 전문가

정지훈 : 딥러닝이나 AI에 관심이 있는 사람들에게 추천할 만한 좋은 소스가 있나요?

이찬우 : 영어가 편하다면 많은 콘텐츠를 볼 수 있습니다. 하지만 요즘에는 한국어 자막

이 잘 나와서, 영어를 잘하지 못하더라도 충분히 외국 온라인 강의를 볼 수 있습니다. 진

짜 더빙까지 된 것을 원한다면 김성훈 교수의 '모두의 딥러닝' 강의가 크게 도움이 될 것

입니다. 입문하는 분들이 일종의 정석 강의처럼 생각하고 있는 것이죠. 이것을 기본으

로, 논문을 보고 싶다면 유튜브에서 'PR12'를 검색해 보세요. 고급 논문들에 대한 해설

이 아주 잘 제공되어 있습니다.

정지훈 : 최고의 Top 100 논문, 제일 중요한 논문 100개의 해설이 있죠?

이찬우 : 이슈가 될 만한 논문들을 리뷰했기 때문에 흐름을 보거나 아이디어를 생각하거

나 아니면 공부할 때 많은 도움을 받을 수 있을 것입니다.

3장
AI 상호작용

3-1

상용화 주요 이슈

AI 상용화와 관련하여 중요한 이슈 가운데 하나는 '인간-AI의 상호작용(Human-AI Interaction)'이다. 공정성과 해석 가능성이 주로 규제나 사회적 이슈에 초점을 맞춘 것이라면, 이것은 고객에 대한 이해를 바탕으로 실제로 풀어야 하는 비즈니스적 가치에 초점을 맞춘 접근이다. 상용화가 진행되면 인간-AI의 상호작용이 매우 중요해진다는 것은 이미 많은 비즈니스 사례에 의해 입증되고 있다.

인간-AI의 상호작용이 중요한 이슈가 될 것이라고 처음 말한 사람은 J.C.R. 릭라이더이다. 그는 미국 국방성 산하의 방위고등연구계획국에서 아르파넷(Advanced Research Project Agency Network)이라는 이름으로 인터넷의 탄생을 도왔고, 당시 컴퓨터라는 새로운 기계와 관련한 연구를 주도하기도 했다. 그가 1960년에 쓴 에세이 〈인간 – 컴퓨터 공생(Man-Computer Symbiosis)〉은 지금 읽어봐도 미래지향적인 내용을 많이 담고 있다. 그는 이 글에서 인간과 컴퓨터가 공생하는 관계가 되는 상황이 올 것이고, 머지않은 미래에 인간의 뇌가 컴퓨터와 매우 강하게 연결되며, 이런 파트너십 덕분에 인간의 두뇌만으로는 할 수 없었던 생각과 데이터 처리가 가능해질 것이라고 했다.

당시만 하더라도 주로 기계적인 발전에 관심이 많았기 때문에, 기계적으로 확장된 인간 그리고 인공지능 사이에 어딘가에 정답이 있을 것이라는 주장이 많았다. 오늘날 증강 인간(Augmented Human)이라는 학문 용어나 관련 학회가 이 정신을 계승했다고

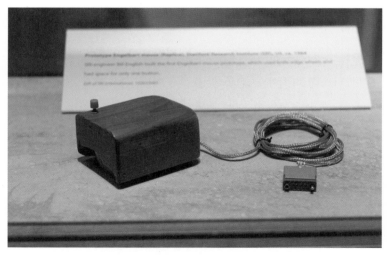

그림 3-1 더글러스 엥겔바트가 그가 발명한 마우스 (출처: 위키피디아)

볼 수 있다.

릭라이더의 사상도 훌륭했지만, 인간과 컴퓨터 상호작용 그 자체를 중시한 사람은 컴퓨터 마우스의 개발자로도 유명한 더글러스 엥겔바트이다. 그는 인간과 컴퓨터의 상호작용인 HCI(Human Computer Interaction)의 아버지라고도 불린다.

그는 특히 1968년에 '모든 데모의 어머니'라는 이벤트를 열었는데 오늘날 우리가 하고 있는 프레젠테이션 자료를 중심으로 데모하는 방식을 처음으로 시도했다. 그는 현재 개발되는 기술들이 결국에는 인간의 지능을 증강시키는 방향으로 발전해야 한다고 강하게 주장했다.

당시 컴퓨터를 개발하던 사람들이 만든 인터페이스를 CLI(Command Line Interpreter)라고 한다. 명령어를 입력할 수 있도록 반짝거리는 박스, 밑줄 모양의 커서, 프롬프트 등이 나타나면 여기에 명령어를 입력하는 것이 컴퓨터를 사용하는 방법이었다. 출력장치로는 녹색 단색으로 나타나는 CRT 모니터가 대부분이었다. 더글러스 엥겔바트는 이런 방식의 컴퓨터를 만든 사람들을 비판했다. '도대체 누가 쓰라고 만든 것이냐?'는 것이 비판의 요지였다. 명령어를 모두 외운 뒤 조금만 틀려도 '문법 전체가 틀렸다(Syntax Error)'라고 보여주면 일반인은 무엇이 틀렸는지 알 수 없었다. 이런 어려움 때문에 컴퓨터는 그것을 제대로 공부한 사람들만 사용할 수 있었고, 컴퓨터는 과학 전문가나 일부 엘리트 계층의 전유물이었다.

그는 누구나 쉽게 컴퓨터를 사용할 수 있도록 하는 데 노력했는데 전문가만 사용할 수 있는 기계는 가치가 낮다며, 2살부터 80살 노인까지 누구나 쉽게 사용할 수 있는 컴퓨터 인터페이스와 개념을 만드는 데 평생을 바쳤다. 그렇게 탄생한 것이 포인트-앤드-클릭(Point-and-Click) 방식으로 컴퓨터를 조작할 수 있게 만들어준 마우스다. 그는 또한 그림으로 모든 것을 처리할 수 있도록 한 GUI(Graphic User Interface)를 만들기도 했다. 그와 함께 일했던 이반 서덜랜드는 레이저 펜으로 CRT 모니터에 직접 그림을 그리는 인터페이스를 1968년에 개발했다.

이들이 지향했던 방식의 컴퓨터를 일반인이 손에 넣을 수 있게 된 시기는 그로부터 16년이 지난 1984년의 일이다. 바로 애플의 매킨토시 출시로 비로소 이런 기술이 상용화되어 일반인에게 알려졌다.

컴퓨터에 대한 우리의 태도가 그렇다면 지능에 대한 우리의 태도는 어때야 할까? 지금은 수학이나 논리학에서 출발해 응용과학인 컴퓨터 과학의 입장에서 AI를 바라보는 사람들이 많다. 그들은 어떤 문제를 증명하거나 잘 정리된 게임에서 이기거나, 특정한 종류의 문제를 풀어내는 것을 지능이라 부르며, 컴퓨터가 이런 분야에서 인간을 넘어서고 있다고 강조한다.

이들이 발표하는 논문, 연구 주제, 목표를 들여다보면 신이 인간을 창조하는 것처럼 자신이 창조한 AI가 혼자만의 힘으로 인간이 할 수 있는 특정한 능력치를 능가하도록 만드는 데 집중한다. 최근에는 여러 가지 작업을 처리할 수 있는 범용 AI 기술에 접근하려는 이들이 많고, 일정 부분 성과도 나오고 있다. 근본적으로는 하나의 AI가 처리할 수 있는 작업의 수가 조금 늘어난 것일 뿐, 여전히 AI 기술을 개발해 인간을 능가하는 성능에 도달했음을 증명하고자 접근하는 것에는 큰 변화가 없다. 이는 어찌 보면 소설 《프랑켄슈타인》을 연상하게 하는 다소 오만한 접근이 아닐까?

그렇다면 인간의 지능은 어떨까? 인간은 매우 모호하고 추상적이고 정확하지 않은 형태의 문제를 해결할 수 있는 능력이 있다. 많은 문제가 상당히 추상적이지만 답변이나 대응은 일관성이 있기를 요구한다.

경우에 따라서는 옳은 것을 판단할 때 논리적 결정이 효과적이지 않은 경우도 있다. 그리고 그런 상황이 언제, 어떤 형태로 생기는지를 배워서 적절한 대응을 해야 하는 경우도 있다. 이것이 인간이 살아가면서 풀어야 하는 문제의 특징이다. 게임이나 특정한 작업을 잘하기 위한 것과는 전혀 다르다.

그렇다면 다양한 문제를 풀기 위해서는 어떤 지능이 필요할까? 결국에는 주어진 문제의 특징에 따라 AI와 인간이 함께 해결하는 것이 중요하다. 우리가 하려는 것은 공동으로 어떤 문제를 풀려고 하는 것이지, AI의 성능을 자랑하려고 제품을 만드는 것이 아니다. 이것을 이해하는 것이 중요하다.

3-2
다른 종류의 AI

인간-AI의 상호작용에 관해 더욱 깊숙하게 접근하기 전에, AI라고 같은 약자를 쓰지만 완전히 다른 의미가 있는 세 가지 AI의 개념을 살펴보자.

첫 번째 AI는 우리 모두가 잘 알고 있는 인공지능(Artificial Intelligence)이다. 이는 인간의 인지 기능을 흉내 낸 것으로, 인간의 지능을 흉내 내 작업을 수행하는 기계 지능으로 정의된다. 인공추론, 머신러닝, 로보틱스, 컴퓨터 비전이나 자연어처리 등이 여기에 속하는 개념이다.

두 번째 AI는 적응형 지능(Adaptive Intelligence)이다. 이는 사실 AI의 한 분야라고 해도 무방하며, 신경망처럼 기존에 학습한 AI가 도메인 지식과 함께 결합하여 점점 더 나아지는 AI를 말한다.

첫 번째와 두 번째 AI는 우리가 흔히 알고 있는 AI의 조금 다른 특징 정도로 분류된다. 마지막 AI가 이번 장에서 가장 중요하게 다루게 될 증강지능(Augmented Intelligence)이다. 증강지능은 머신러닝과 인간의 지능을 하나의 플랫폼에서 효과적으로 수렴한 것이다. 가장 큰 차이는 인간의 지능이 필수로 결합하는 사실이다.

조금 더 깊이 들어가서 기존 인공지능과 증강지능의 차이를 알아보자.

인공지능에서는 일반적으로 컴퓨터를 특정한 종류의 문제를 해결하는 도구로 본다. 그렇기 때문에 사람들은 문제 해결에 능한 인공지능을 개발할 수 있는 과학 기술이 이를 주도해야 한다고 생각한다. 이를 위해 기호화된 객체를 이용해 잘 정의된 규칙을 적용하거나, 신경망 형태의 데이터 구조를 계산하는 방식으로 구현한 일반적인 인공지능이 중요하다.

그에 비해 증강지능을 이야기하는 사람들은 어떨까? 무엇보다 인간의 지능을 이해해야 한다는 것이 이들의 주장이다(그림 3-2). 지능은 모호하고 불명확할 수 있지만 이를 인정하면서도 추상과 일관성이 있어야 하고, 논리적이지 않아도 되며, 이를 피해야 하는 경우도 있음을 학습해야 한다.

정답이 복잡한 프로세스를 거칠 수도 있고, 경우에 따라 정답이 바뀌기도 한다. 그렇기 때문에 증강지능 진영에서는 인간에 대한 이해를 바탕으로 인간에게 지능에 대한 인터페이스를 제공하는 것이 필수적이라고 본다. 사례를 들어보자.

그림 3-3의 그래프는 의료 부분 AI 스타트업의 한국 대표라고

| 인간 | + | 인공지능 | = | 증강지능 |

* 상식
* 상상력
* 삶을 경험하며 학습

* 속도와 집중
* 데이터에서 학습
* 인간의 입력에 좌우

* 노동과 계산집약적인 작업의 자동화, 인간의 지식과 직관을 활용하여 공존

그림 3-2 인간의 지능과 AI, 그리고 이들이 결합한 증강지능

할 수 있는 루닛 흉부 영상 AI의 초기 결과이다. 현재는 이보다 훨씬 좋은 성능을 내고 있지만, 이것만으로 개념을 설명하는 데 큰 무리가 없음으로 이 그래프를 사용한다. 그래프는 흉부 엑스레이 영상에서 폐 결절을 찾아내는 능력과 관련된 연구 결과의 일부이다.

그래프를 보면 영상의학과 수련을 받지 않은 의사의 퍼포먼스 지표는 0.7이 채 안 된다. 이에 비해 영상의학과 레지던트 1~2년 차가 되면 0.7~0.8의 점수가 나오고, 3~4년 차는 0.8이 넘는다. 전문의가 되면 그보다 조금 더 잘하고, 흉부 영상만 전문으로 보는 영상의학과 전문의는 0.8을 조금 더 넘어서는 등 트레이닝과 전문성이 높을수록 지표가 높아지는 매우 직관적인 결과가 나온다.

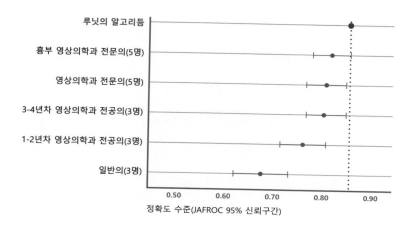

그림 3-3 일반적인 인공지능에서 성능을 보여주는 방식: 루닛의 알고리듬 vs. 영상의학과 의사 (출처: 루닛 내부 자료, 2017년 데이터로 현재는 AI 성능이 더욱 향상됨)

여기에 루닛이 만든 알고리듬으로 테스트를 해봤더니 0.85를 넘었다. 최고 성능을 기록한 셈인데 최근의 결과는 0.9를 훌쩍 넘기고 있다.

보통의 경우 논문은 AI의 결과가 영상의학과 전문의를 넘었다는 취지의 내용으로 그래프와 함께 발표된다. 그러면 언론도 떠들썩하게 "드디어 인간 영상의학과 의사를 넘어서는 AI 기술이 나왔다"는 기사를 쏟아낸다. 그러면서, AI가 인간 의사의 직업을 없앨 것이라는 말이 덤으로 따라온다.

이런 접근에서 AI는 인공지능과 증강지능 중 어느 쪽에 해당하는 것일까? 이는 단독으로 쓰이는 인공지능 쪽으로 바라본 시각이다. 그리고 인간을 대체하는 시나리오에 맞춰 개발된 그림이

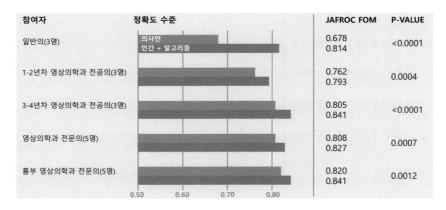

참여자	정확도 수준		JAFROC FOM	P-VALUE
일반의(3명)	의사만 인간 + 알고리듬		0.678 0.814	<0.0001
1-2년차 영상의학과 전공의(3명)			0.762 0.793	0.0004
3-4년차 영상의학과 전공의(3명)			0.805 0.841	<0.0001
영상의학과 전문의(5명)			0.808 0.827	0.0007
흉부 영상의학과 전문의(5명)			0.820 0.841	0.0012
	0.50 0.60 0.70 0.80			

그림 3-4 AI를 인간과의 협력의 대상으로 보는 증강지능의 시각에서 접근한 방식의 그래프 (출처: 루닛 내부 자료, 2017년 데이터로 현재는 AI 성능이 더욱 향상됨)

다. 같은 연구에서 비슷한 것 같지만 완전히 다른 접근 방법을 보여주는 그래프(그림 3-4)를 보자. 시나리오를 좀 달리했다.

이 접근 방법은 AI를 도구로 사용해서 여러 의사가 AI와 함께 진단하는 시나리오로, 이 경우에는 영향을 미치는 것이 단지 AI의 성능만은 아니다. AI를 얼마나 쉽게 사용할 수 있는지, 의사들이 효과적으로 조작할 수 있는지, 결과를 시각화하는 방식이나 속도가 협력의 결과에 모두 영향을 미친다. 어쨌든 그런 요소들이 종합되어, 인간 의사와 AI의 협업 결과를 보여준 그래프이다.

맨 위의 결과는 영상의학과 의사가 아닌 의사 면허증만 있는 일반 의사이거나 내과, 가정의학과, 외과 의사 등과 같이 전문적인 영상의학 수련을 받지 않은 의사들의 결과이다. 그런 의

사들이 AI의 도움 없이 판정했을 때 수치가 0.678이었는데 AI를 활용했더니 0.814가 되면서 결과가 좋아졌다. 영상의학과 전공의 1~2년 차는 0.762의 수치를 기록했는데 AI를 같이 썼더니 0.793이 되었다. 역시 더 좋아졌다. 전공의 3~4년 차는 0.805이었는데 0.841이 되었고, 영상의학과 전문의는 0.808이었는데 0.827이 되었으며, 흉부 영상의학과 전문의는 0.820에서 0.841이 되었다.

공통으로 모두가 AI를 썼더니 자기가 원래 했던 것보다 좋아졌다는 것을 강조한 그래프이다. 이는 인간의 지능으로 판독했던 것에, AI의 도움으로 증강을 시킨 것이므로 증강 지능적 접근을 그려낸 그래프라고 할 수 있다.

재미있는 사실은 수련 정도에 따라 AI가 투입되어 얻는 이득이 차이 난다는 점이다. 영상의학과 트레이닝을 받지 않은 일반 의사가 얻은 것이 가장 많다. 상대적으로 많이 알수록 얻은 것이 적어지는 양상이다. 수련을 받지 않은 일반 의사가 가장 큰 혜택을 얻었다는 점을 들어, 이런 결과 때문에 AI가 의료 불균형을 해소하는 데 크게 기여한다고 주장하는 사람들도 있다.

수련 정도에 따라 이득이 차이가 크게 나는 이유는 사실 더 많은 연구가 필요한 주제이다. 중요한 것은 이 연구의 목적이다. 이 연구는 AI 그 자체만으로 결과가 인간보다 낫다고 결론지으려는 것이 아니라 AI를 도구로 썼을 때 얼마나 더 기존 작업을 더 잘할

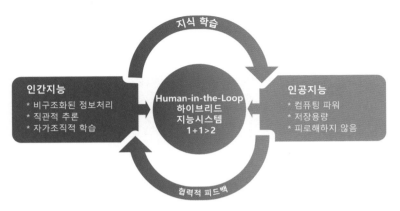

그림 3-5 인간의 지능, 인공지능, 그리고 Human-in-the-Loop의 관계. 서로 상보적이면서 협력을 통해 단순한 합보다 더 많은 것을 해낼 수 있다.
(출처: Pan, Y.H., 2016. Heading toward artificial intelligence 2.0. Engineering, 2(4):409–413)

수 있는지에 초점을 맞춘다. 이것이 증강 지능적인 시각이라 말할 수 있다.

이처럼 증강지능을 언급할 때는 인간의 개입을 고려해야 하는데 이를 'HITL(Human-in-the-Loop)'이라 부른다(그림 3-5). 이는 인간이 루프에 개입한다는 말이다. 덜 구조화된 정보 처리와 직관적인 추론은 인간이 주로 하고, 계산과 명확한 기억 및 인식 등은 AI가 더 잘한다. 그러므로 인간과 AI가 잘하는 것은 각자 맡고 서로의 장점을 결합하는 방식으로 하이브리드 지능 시스템을 구축한다면 인간과 AI를 따로 활용하는 것보다 훨씬 나을 수 있다. 이처럼 인간지능과 인공지능, 인간과 AI가 함께 하는 것이 앞으로 중요한 의제로 자리 잡게 될 것이다.

유다시티 논문과 아카사: 김병학 박사

정지훈 : 발표하신 논문이 굉장히 흥미롭던데요?

김병학 : 학생들이 강의 등록을 한 첫 주부터, 이 학생이 과연 이 수업을 마칠 수 있을지 없을지 예측하는 논문이죠.

정지훈 : 이 학생이 마지막까지 수료할 것인가 말이죠?

김병학 : 네. 여러 가지 입장에서 다른 서포트 팀들이 예측 결과에 따라 '이 학생들에게 우리가 어떤 일을 맡겨야 하는가, 언제 어떻게 개입해야 하는가를 결정할 수 있는 근거가 되니까요.

정지훈 : 예를 들면 조기에 낙오되는 일이 없도록.

김병학 : 네. 학생들의 경력, 기업들의 사업 가치 향상에 기여할 수 있다고 봅니다. 이 외에도, 논문 공유 플랫폼에 올린 논문을 비디오로 만드는 것에 관해 고민하기도 했습니다. 비디오 프로덕션 비용이 너무 많이 들어서요. 그래서 교수가 제공한 텍스트를 이용해서 자동으로 음성을 합성해 그 사람의 비디오를 만들도록 해보자 한 것입니다.

정지훈 : 네. 지금 영상을 찍고 상황에서 제가 글만 쓰면…

김병학 : 네. 정교수님의 오디오를 갖고 있으면, 정교수님이 실제로 강의하는 비디오를 인공지능으로 만드는 것이죠. 저희가 그런 필요를 너무 많이 느껴 그런 쪽도 다루었습니다.

정지훈 : 이렇게 만들어진 리서치 프로젝트가 실제로 상용화되는 경우가 있고 그렇지 못하는 경우가 있잖아요. 지금 말씀하신 두 가지 기술도 어떤 것은 쓰이고 어떤 것은 쓰이지 않았을 텐데요. 그건 연구와 실제 적용의 차이잖아요. 어떤 건 쓰이고 어떤 건 쓰이지

않은 이유는 무엇일까요?

김병학 : 프로젝트의 가치와 프로세스상의 문제를 파악하고 우리가 개발하는 편이 좋겠다는 판단에서 시작했는데요. 아무래도 너무나 많은 자원이 필요했습니다.

정지훈 : 그러니까 자동으로 비디오를 생성하는 것은 실제 적용은 안 된 거죠?

김병학 : 네. 여러 가지 이유가 있는데 기술적으로는 준비가 되었지만, 이것을 실제로 사용했을 때 학생들이 반길지에 대해 고려할 점이 있고 비즈니스 면에서 좀 더 세밀히 할 필요가 있어서 잠시 보류 중입니다.

정지훈 : 연구와는 달리 사업화에는 많은 요인이 복합적으로 작용한다는 거죠?

김병학 : 네. 맞습니다.

정지훈 : 이제 새로운 회사로 자리를 옮겨 AI를 연구하고 계시는데요. 어떻게 보면 기업마다 AI를 바라보는 관점과 쓰는 방식이 다르잖아요. 유다시티에서 AI를 사용한 방식과 지금 조인하신 아카사의 사용 방식이 다른가요?

김병학 : 아카사에서는 AI가 아카사를 다른 회사와 완전히 구별하는 요소입니다.

정지훈 : AI가 핵심인 거네요.

김병학 : 네. 그렇습니다. 유다시티에서는 AI 팀을 구성해 회사가 필요로 하는 것들을 연구하고 구현하는 데 초점을 맞추었다면, 아카사에서는 AI 자체가 아카사의 핵심이라는 점에서 그전에 있었던 다른 회사들과 큰 차이가 있습니다.

정지훈 : 그러면 접근 자체도 달라지나요? AI 팀이나 팀 구성 부분들도 서포트할 때와 핵심이 되었을 때 달라지나요?

김병학 : 많이 달라집니다. 아무래도 AI가 회사의 중심에서 모든 것을 결정하다 보면 더 많은 팀과 서로 협력할 수밖에 없습니다. 특히 아카사의 경우 세일즈팀, 연구팀, 엔지니

어팀이 서로 긴밀하게 협력하죠. 유다시티에서는 아무래도 AI를 처음부터 가장 핵심적인 결과물로 넣기는 어려워서 사이드 프로젝트의 결과물로 나오는데, 이처럼 비즈니스에 실제 적용할 때는 아주 다이내믹한 상황들이 등장하는 것 같습니다.

3-3
인간의 개입

이제 HITL(Human-in-the-Loop)에 대해 조금 더 자세히 알아보자. 프르제멕 베렌트(Przemek Berendt)는 인간이 AI의 동작에 어떤 방식으로 어느 정도 개입하는지를 네 가지 유형으로 구분하고, 이를 바탕으로 AI 시스템을 분류했다.

네 가지 유형은 인간의 개입과 불개입, 고정된 시스템과 적응형 시스템이라는 기준으로 구분된다(그림 3-6).

먼저 인간의 개입이 고정된 특정 시스템에 적용된 경우에는 AI 시스템이 도움지능(Assisted Intelligence)으로 동작한다고 말하고, 인간을 도와서 의사결정을 한다든지 특정 행위를 하는 것을 지원하는 것이 주된 기능이다.

이때는 AI와 인간이 상호작용 통해 특별히 배우는 것은 없다. 적응형 시스템의 경우에도 도움지능이라는 기본은 동일한데 지

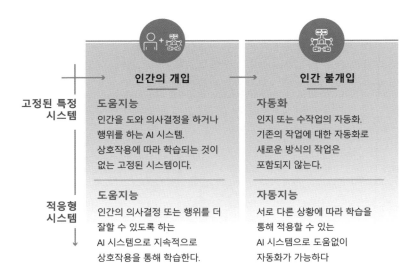

	인간의 개입	인간 불개입
고정된 특정 시스템	**도움지능** 인간을 도와 의사결정을 하거나 행위를 하는 AI 시스템. 상호작용에 따라 학습되는 것이 없는 고정된 시스템이다.	**자동화** 인지 또는 수작업의 자동화. 기존의 작업에 대한 자동화로 새로운 방식의 작업은 포함되지 않는다.
적응형 시스템	**도움지능** 인간의 의사결정 또는 행위를 더 잘 할 수 있도록 하는 AI 시스템으로 지속적으로 상호작용을 통해 학습한다.	**자동지능** 서로 다른 상황에 따라 학습을 통해 적용할 수 있는 AI 시스템으로 도움없이 자동화가 가능하다

그림 3-6 프르제멕 베렌트의 AI 분류. HITL을 여부를 중시했다. (출처: https://www.linkedin.com/business/talent/blog/talent-strategy/ways-ai-will-reshape-recruiting-and-how-you-can-prepare)

속적으로 환경이나 인간과의 상호작용을 통해 이 시스템이 학습하고 성능이 향상된다는 점이 다르다.

그에 비해 인간이 이런 과정에 개입하지 않는다면, 고정된 특정 시스템에 AI가 적용된 경우에는 이를 단순한 자동화로 정리할 수 있으며, 이 경우 기존의 작업을 완전 자동화하는 프로세스로 봐야 한다.

그리고 인간의 개입이 없는 적응형 시스템인 경우에는 AI가 지속적으로 서로 다른 상황에 적응하고 발전하는 상황이므로, 자동지능(Autonomous Intelligence)이라고 정의했다.

이처럼 AI 시스템에 대한 인간의 개입에 대한 인식이 확대되자, 주요 학회에서도 이 주제를 중요하게 여겨 따로 다루기 시작했다. HITL을 강조한 워크숍이 많이 생겼는데 AI의 상용화가 빠르게 진행되면서 이들 기술의 중요성도 더 커질 것으로 보인다. 2019년 가장 큰 학회인 ICML 워크숍에서는 HITL에 'Learning'을 덧붙인 HITL 러닝, 약자로 HILL이라는 용어를 사용했고, 이후 Human Interpretability in Machine Learning(WHI)과 Interactive Data Analysis System(IDAS)이 연합해 워크숍을 구성하기도 했다. 앞으로는 이 분야의 연구와 기술개발 속도가 더 빨라질 것으로 예상된다.

HITL을 AI 연구의 핵심 의제로 놓고 이야기하는 대표적인 기업도 등장했다. 바로 IBM이다. IBM은 자사의 AI 주요 전략인 'HCI4AI'에 HITL을 명시적으로 언급하고 있다(그림 3-7). HITL이 IBM이 하는 연구의 핵심 의제라고 공표한 것이다. IBM의 HCI4AI 전략은 크게 네 가지 의제로 구분된다.

첫 번째는 '차세대 데이터 과학 경험(Next Gen Data Science Experience)'이다. 여기에는 데이터 과학자의 AI 도구 사용 방법, 데이터 과학의 자동화, 기계가 데이터 과학자를 도와 머신러닝을 더 쉽게 만들도록 가르치는 머신티칭(machine teaching), 프로그래밍 모델의 문제를 시각적으로 발견하고 교정할 수 있는 비주얼 디버깅과 같은 데이터 과학자를 위한 도구와 경험에 초점을 맞추

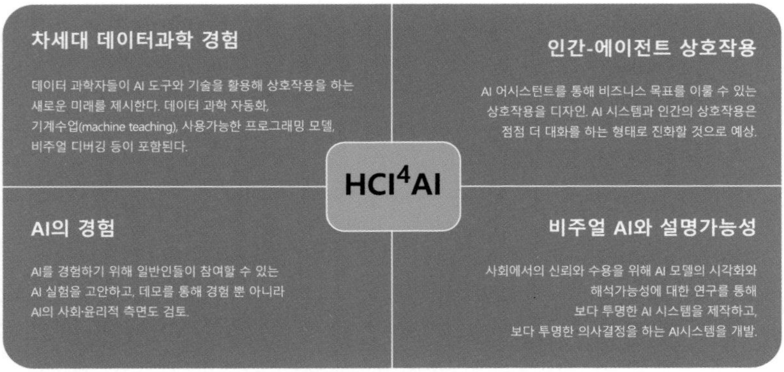

차세대 데이터과학 경험

데이터 과학자들이 AI 도구와 기술을 활용해 상호작용을 하는 새로운 미래를 제시한다. 데이터 과학 자동화, 기계수업(machine teaching), 사용가능한 프로그래밍 모델, 비주얼 디버깅 등이 포함된다.

인간-에이전트 상호작용

AI 어시스턴트를 통해 비즈니스 목표를 이룰 수 있는 상호작용을 디자인. AI 시스템과 인간의 상호작용은 점점 더 대화를 하는 형태로 진화할 것으로 예상.

HCI⁴AI

AI의 경험

AI를 경험하기 위해 일반인들이 참여할 수 있는 AI 실험을 고안하고, 데모를 통해 경험 뿐 아니라 AI의 사회윤리적 측면도 검토.

비주얼 AI와 설명가능성

사회에서의 신뢰와 수용을 위해 AI 모델의 시각화와 해석가능성에 대한 연구를 통해 보다 투명한 AI 시스템을 제작하고, 보다 투명한 의사결정을 하는 AI시스템을 개발.

그림 3-7 IBM 리서치의 HCI4AI 전략 (출처: https://researcher.watson.ibm.com/researcher/view_group.php?id=9529)

고 있다.

두 번째는 '인간-에이전트 상호작용(Human-Agent Interaction)' 이다. AI가 일종의 조력자로서 비즈니스 목적을 지원하기 위한 에이전트로 제공된다고 할 때, 이들 에이전트가 어떻게 인간과 상호작용할 것인지를 디자인하는 것에 초점을 맞추고 있다. 특히 여기서는 AI 시스템과 인간 사이에 대화형 인터페이스가 크게 느는 것에 주목하고 있다.

세 번째는 'AI의 경험(Experiencing AI)'이다. 이는 AI를 이용해서 다양한 실험이나 데모 등을 수행하는 것인데, 이렇게 하면 AI에 대한 사용자 경험을 연구할 수도 있고, AI의 사회적 파장도 미리 인식할 수 있다.

마지막으로 '비주얼 AI와 설명 가능성(Visual AI & Explainability)'

이 있다. 이는 AI 시스템이 어떤 방식으로 결정을 내리는지 보여주고, 더욱 투명하고 신뢰할 수 있게 만들며, 그 결과를 받아들일 수 있도록 하기 위한 것이다. 이같은 목적을 이루기 위해서는 AI 모델의 시각화가 잘 이뤄져야 하고, 해석 가능성과 설명 가능성 같은 요소들이 중요해진다.

그렇다면 AI가 환경과 상호작용하는 루프에 인간은 어떻게 개입할 수 있을까? 개입 방식에 대한 다양한 연구와 실험이 많이 나올 것으로 보이는데, 현재 가장 활발하게 논의되고 있는 것은 도메인 기반 언어로 불리는 DSL(Domain-Specific Language, 특정 분야에 활용되는 목적 지향적 프로그래밍 언어)을 중간에 활용하는 것이다. 쉽게 말해 인공지능과 인간 사이를 매개하는 언어를 만들자는 뜻이다. 이런 언어를 기존의 프로그래밍 언어처럼 정의해서 쓸 수도 있지만, 우리가 말을 하나하나 배우고 뜻을 이해하고 소통하는 것처럼 사용자와의 상호작용을 통해 그 의미를 하나씩 알아나가도록 접근하는 것이다.

과거 방식은 미리 선언적으로 언어를 정의한 다음, 이것을 컴퓨터에서 컴파일이라는 과정을 통해 기계가 이해할 수 있는 코드로 만들어 작업을 수행한다. 예를 들어 'Go to the green Torch'라는 DSL 언어가 있다고 하면, Go to는 X, Y, Z 축에서 어느 한쪽 방향으로 +1 움직이는 것이고, green은 RGB 코드의 0, 255, 0에 해당하는 색상이며, Torch는 미리 정의된 형태의 코드로 변환하라고 컴파일러가 알고 있어서 이 언어를 보고 기계어 코드로 번역한다.

그런데 AI를 활용해 사용자와 AI 사이에 DSL를 그때그때 정의한다고 생각하면, 사용자가 'Go to the green Torch'를 입력할 때 AI는 우리가 의도한 '화면상의 녹색 횃불 근처로 가는 것'을 잘 수행하면 '맞았다'고 해서 보상을 주고, 엉뚱한 곳으로 가거나 엉뚱한 행위를 할 경우 '틀렸다'고 보상을 주지 않는 것을 반복한다. 학습이 충분히 이루어지면 'Go to'가 어떤 뜻이고, 'green' 은 어떤 색상이며, 'Torch'는 어떤 형태인지를 알게 된다. 이 경우 DSL 언어에서 사용되는 단어의 실제 뜻이 학습되는 셈인데, 이런 실제적인 뜻을 '그라운딩(grounding)'이라 하고 학습을 통해 이런 언어를 알게 만드는 연구도 활발히 진행되고 있다.

또 하나의 접근 방법으로는 앞에서 설명한 IBM의 인간-에이전트 상호작용이 있다. 이때 프로그래밍이 가능한 에이전트를 일종의 챗봇처럼 활용한다고 했을 때, 일반 사용자가 에이전트와의 상호작용을 통해 AI와 소통하게 할 수 있다. 이때도 챗봇을 활용하거나 대화형 인터페이스, 마우스, 키보드 등으로 조작할 수 있다. 이 경우 중간에 AI 에이전트가 부드러운 중재를 하는 것이 중요해진다. AI를 컨트롤러로 활용하는 것도 일종의 인간-AI 상호작용의 방식이다.

가장 많은 연구가 진행되고 있는 것이 드론처럼 조종하기 어려운 기계를 컨트롤하는 것이다. 비행기를 조종할 때 주조종사와 부조종사가 협력하는 것을 생각하면 된다. 예를 들어, 사람이 게임과 같은 가상환경에서 뛰는 것, 걷는 것, 기는 것 등의 동작을 하나하나 다 조작하려면 매우 어려운 작업이 된다. 그런데 실제로 우리가 조작하는 것은 걷고, 뛰고, 엎드리고 등의 동작 버튼이나 클릭 정도이고 나머지는 AI가 알아서 하는 것과 비슷하다.

실제로 드론 조종을 돕는 AI 컨트롤러의 경우 큰 방향성이나 속도, 루트 등은 사용자가 직접 하지만 강풍에 흔들리거나 가까운 곳에 있었던 장애물과 부딪히는 것을 회피하고, 안정적으로 떠 있는 등의 조종은 AI가 도와주는 형태로 분업화되어 있다.

3-4
인간 중심의 머신러닝

인간과 AI의 상호작용(Human-AI Interaction, HAII)에 초점을 맞추어 연구하는 대표적인 기업으로 구글과 마이크로소프트가 있다. 둘 다 IT의 대표 기업인데, 접근방식은 조금 다르다.

구글은 HAII를 전담하는 조직을 구성하고 이들에게 많은 역할

AI and Design: Putting People First

A discussion on how designers can harness and humanize AI's vast potential

Editorial

People + AI Guidebook

Tactical guidance and best practices for designing human-centered AI products

⧉ pair.withgoogle.com

Six AI Terms UXers Should Know

Clear and simple definitions of essential concepts

Editorial

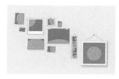

Control and Simplicity in the Age of AI

How Google Clips found the right balance between familiarity and functionality

Editorial

ML and the Evolution of Web-Based Experiences: Fast, Real-Time, and Fully Interactive

Lessons from designing "Emoji Scavenger Hunt"

Editorial

AI Is Design's Latest Material

MoMA's Senior Design Curator explores how artificial intelligence helps designers reach visual and functional goals

Editorial

그림 3-8 구글 PAIR 블로그 (출처: https://medium.com/people-ai-research)

을 부여하고 있다. 대표적인 조직이 PAIR(People's AI Research)로, 이미 다양한 제품과 서비스, 플랫폼, 연구논문 등을 발표하고 있다. 블로그도 적극적으로 운영하고 있는데 이를 통해 다양한 지식과 연구 내용을 공개하고 이런 개념을 전파하는 데도 많은 공을 들이고 있다.

구글 PAIR의 블로그에 게시된 자료(그림 3-8)에 나온 제목을 일부 살펴보자. 'AI와 디자인: 사람을 처음으로 놓기', 'People + AI 가이드북', 'UX 연구자가 반드시 알아야 하는 여섯 가지 AI 용어', 'AI 시대의 컨트롤과 단순화', '머신러닝과 웹 기반 경험의 진화: 실시간, 완전히 인터랙티브할 것', 'AI는 디자인의 최신 재료'

가 있다. 이 블로그는 컴퓨터 과학 기반의 AI 과학자나 개발자를 대상으로 한 것이 아니라, 디자이너를 포함해서 AI를 잘 이해해야 하는 많은 사람을 위해 다양한 콘텐츠를 제공하고 있으며, 이는 매우 의미 있는 시도이다.

구글이 이 분야에서 추진하는 또 다른 것은 인간 중심의 머신러닝인 HCML(Human-Centered Machine Learning) 원칙이다. 이를 토대로 일곱 가지 원칙을 발표하기도 했다. 그 내용을 살펴보면 아래와 같다.

첫째, 머신러닝이 어떤 문제를 풀지 알아내는 것을 기대하지 마라. 이는 기술이 풀어야 할 문제를 정의하지는 못하게 해야 한다는 의미다. 즉 문제 정의는 인간의 몫이고, 이를 알아내기 위한 노력이 선행되어야 하지 AI 기술만 도입한다고 되는 것이 아님을 강조하고 있다.

둘째, AI가 독특한 방식으로 문제를 제대로 풀 수 있는지 자문하라.

셋째, 개인적인 사례나 마법사를 이용해 속여보라. 이를 오즈의 마법사 연구라고도 부르는데 왜 오즈의 마법사일까? 오즈의 마법사는 실제로 마법사가 아니라 사람이 조종한다. 그것처럼 AI를 직접 만들기에 앞서, 사람이 AI처럼 흉내 내는 연구를 통해 실제로 AI가 어떻게 동작해야 될지를 미리 알아보라는 의미이다.

넷째, 긍정 오류와 부정 오류의 비용을 계산하라. 성능 지표 이상으로 틀린 것을 맞는다고 판정하는 긍정 오류, 맞는 것을 틀린다고 판정하는 부정 오류 중 어떤 것이 더 중요하고 그 비용이 어느 정도인지 산정하라는 말이다.

다섯째, 공동학습과 적응을 계획하라. 학습 과정에 인간이 개입하면, AI와 인간이 함께 학습하는 방식과 과정을 고려할 수 있고, 경우에 따라서는 AI와 인간이 각각 개입한 서로 다른 두 개의 프로젝트가 상호 연관되면서 동시에 학습될 수도 있다. 또한 한 번의 학습으로 끝나지 않고 지속적인 적응이 필요할 수도 있는데 이런 것들도 고려해야 한다.

여섯째, 적절한 레이블(label)을 이용해서 알고리듬을 가르쳐라.

일곱째, 전체적인 사용자 경험과 관련된 여러 기술을 확장하는 개념으로, 머신러닝과 AI를 일종의 창의적 프로세스로 여겨라.

이 원칙 7가지를 잘 지켜나간다면 인간 중심적 디자인을 AI 모델을 개발에 충분히 적용할 수 있다.

구글에 비해 마이크로소프트는 매뉴얼과 같은 정교한 가이드라인을 배포하는 전략을 쓰고 있다.

마이크로소프트의 인간과 AI의 상호작용의 가이드라인 첫 페이지(그림 3-9)를 보면, 전통적으로 HCI 분야에서 가장 많은 연구를 해 온 마이크로소프트의 체계적인 전략을 잘 알 수 있다. 가이드라인은 체크리스트 방식을 사용하고 있는데, 이런 접근 방법은 현장에서 직접 체크해 보면서 활용하는 데 유리하다.

구글과 마이크로소프트는 비교적 적극적으로 인간과 AI의 상호작용과 관련한 연구나 프로젝트를 수행하는 기업이지만 아직은 소개할 만한 좋은 사례가 많지 않다. 이 분야는 기술 부문과 달리 소비자를 이해하고 제품이나 서비스를 직접 제공하는 기업들이 기존 기술을 이용하여 높은 성과를 낼 수 있기 때문이다. 기술 장벽이 높다기보다는 실용성을 중심으로 하는 접근이 가능하다는 점도 고려해야 한다. 또한 상대적으로 강점을 가지고 있는 기업이나 서비스가 적기 때문에, 이 분야에서 기술력을 강화한다면 그만큼 차별화가 될 수 있다.

3-5
챗봇·시리·알렉사·페퍼

 이제는 사례를 통해서 인간과 AI 상호작용의 중요성에 대해 알아보자.

그림 3-10은 챗봇 개발자가 인간과 챗봇 사이의 상호작용을 어떻게 분류할 수 있는지 정리한 것이다. 챗봇이라 하면 인간과 인간 사이의 상호작용 아니면 인간과 챗봇의 상호작용으로 생각하기 쉽다. 그렇지만 이 그림을 보면 세 개의 시나리오가 더 있다.

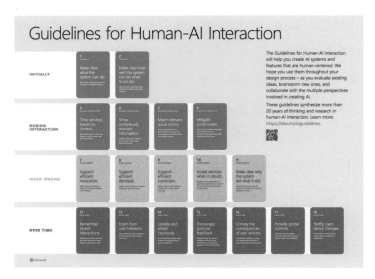

그림 3-9 마이크로소프트의 인간-AI 상호작용 가이드라인

어쩌면 추가적인 다른 시나리오도 생각해볼 수 있다. 그림에서는 사람과 사람 사이 또는 사람과 챗봇 사이에 사람이 추가로 끼어 있는 상황을 상정하고 있다. 몇몇 시나리오를 자세히 살펴보자.

왼쪽에서 두 번째 그림, 사람과 사람 사이에 챗봇이 하나의 질문을 던지는 경우를 살펴보자. 아마도 통역을 하는 챗봇이 이런 유형이 된다. 이것은 비교적 쉽게 대응할 수 있는 시나리오이다.

가운데 그림은 챗봇과 첫 번째 사람 사이에 더 많은 대화가 진행되고, 사람이 필요할 때 개입하는 상황이다. 이는 한 사람이 여러 사람을 상대해야 할 때 챗봇에 중개 역할을 맡긴 경우이다. 커뮤니케이션은 비대칭적으로 일어난다. 이 경우에는 챗봇이 해당

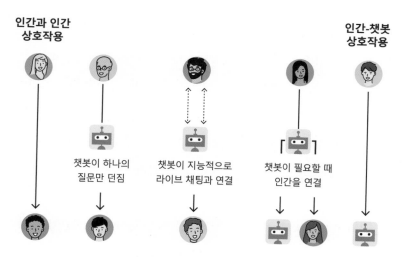

그림 3-10 챗봇에 대한 인간-AI 상호작용 (출처: https://towardsdatascience.com/understanding
-ai-chatbots-challenges-opportunities-beyond-fb657fa3e0da)

도메인에 대한 이해도가 있으면서도 대화 내용도 요약해주고 문
맥을 정리해서 제시해야 한다.

왼쪽에서 네 번째 그림은 연결 대상이 챗봇이거나 사람인데 그
사이에 챗봇이 끼어 중개 역할을 하고 있다. 이런 유형의 상호작
용이 나타나는 전형적인 사례가 콜센터이다. 다른 챗봇에 넘겨
AI가 처리해도 되는 고객이라면 그쪽으로 넘기고, 지금 당장 연
결하지 않으면 안 될 경우 인간에게 넘긴다. 이처럼 챗봇만 하더
라도 매우 다양한 상호작용 모델이 존재한다.

인간-AI 상호작용은 하드웨어에도 적용된다. 개인적으로 인
간-AI 상호작용 강의를 할 때 빼놓지 않고 이야기하는 사례가 아

마존의 에코이다. 아마존 에코는 인공지능 스피커 시장을 연 제품으로 널리 알려졌다. 이 제품이 처음 소개되었을 때 사실 많은 사람이 "스마트폰의 음성인식 소프트웨어 비서인 시리가 있는데 누가 이런 스피커를 쓰겠나", "단독 하드웨어 인공지능 스피커 비즈니스가 될 것 같은가"라고 말했다. 그런데 예상을 깨고 큰 성공을 거두었다. 이 부분은 선입견과 편견이 크게 작용한 것으로 볼 수 있다.

스마트폰에 애플의 시리, 삼성전자의 빅스비가 탑재되어 있지만 이를 실제로 얼마나 활용할까? 생각보다 적다. 스마트폰은 항상 손에 들고 있고, 눈으로 보고 결정을 한 뒤, 손가락으로 가볍게 터치하는 것으로 모든 조작이 끝나기 때문이다. 이렇게 직관적인 방식으로 대부분의 커뮤니케이션이 가능한데, 잘 알아듣지도 못하는 음성 인공지능 에이전트를 불러내는 것 자체가 낭비로 여겨지지 않는가?

사용 환경만 놓고 보면 인공지능 음성인식 에이전트가 가장 필요한 곳은 자동차이다. 손과 눈이 운전에 집중하고 있는 자동차 안에서는 음성 인터페이스가 효과적이다. 그런데 지난 수년간 자동차 회사들은 이런 서비스를 만족스럽게 만들지 못했고, 수요를 예상하지도 못했다. 그렇다면 아마존의 에코는 어떻게 성공했을까? 바로 고객에 대한 이해, 그리고 유통채널이 있었기 때문이다.

인공지능 에이전트가 탑재된 움직이지 않는 스피커를 어디에 놓겠는가? 들고 다니지 않는다면 집이나 직장에 놓아야 한다. 그런데 직장에 놓으면 우스워진다. "알렉사, 음악 틀어줘"라는 말을 사람들이 있는 곳에서 하기가 쉽지 않고, 음성인식 스피커에 어떤 일을 시키기도 부담스럽다. 그러면 결국 갈 곳은 가정이다.

집에 놓는 것을 누가 살까? 구매 결정은 주부가 할 가능성이 크다. 주부가 구매한다면 이 기기를 어디에 놓을까? 둘 중 하나, 거실 아니면 주방이다. 주방에 놓는다고 답하는 이들이 많은데 주부가 가정용으로 살 때는 주방보다 거실에 놓는 경우가 더 많다. 그렇다면 AI 스피커를 어떻게 활용할까? 가장 흔하게 사용하는 것은 소파에 누워 음악을 틀라고 하는 것이다. 그다음에 설거지하다가 무언가를 물어보는 것으로 활용하기 쉽다.

이런 상황에서 하드웨어는 어떤 것을 지원해야 할까? 주방에서 거실에 있는 AI 스피커를 부르는 경우처럼, 생각보다 멀리 떨어진 곳에서 불러도 정확히 알아듣고 반응해야 한다. 그렇다면 제품 안에 어떤 하드웨어 스펙이 중요할까? 성능 좋은 마이크가 있어야 한다. 그리고 그런 명령을 수행할 때 충분한 음량으로 반응하거나 대응해야 한다. 음악을 틀어 달라는 요청이 있으면 거실은 물론 주방에서도 잘 들릴 수 있도록 좋은 스피커를 장착해야 한다.

실제로 아마존 에코의 하드웨어를 보면 마이크가 7개나 들어 있다(그림 3-11). 감도가 좋은 지향성 마이크 6개가 모든 방향의 소리를 감지하고, 가운데에는 360도로 주변의 소리를 수음할 수 있는 마이크가 들어있다. 그래서인지, 아마존 에코가 다른 AI 스피커보다 수음이 잘 되고 반응이 빠르다는 평가가 많다.

스피커 자체의 성능도 훌륭하다. 사용자 요구에 쉽게 대응할 수 있는 하드웨어 구조를 갖춘 것이다. 물론 AI의 성능도 중요하다. 그렇지만 AI 자체 성능은 경쟁사인 구글 제품에 비해 그리 좋은 평가를 받지 못했다.

그런데 초반의 시장 상황을 보면 아마존 에코의 완승이라 해도 과언이 아니었다. 사람들이 그렇게 다양한 질문을 던지지 않았기 때문이다. 사람들이 주로 하는 질문이나 요구에 효과적으로 답하고, 유통채널을 통해 저렴하게 대량으로 공급한 것이 초반 이 시장에서 아마존이 승기를 잡은 동력이었다.

AI 서비스 생태계 입장에서도 아마존 에코의 보급이 활성화되자, 이를 지원하면서 얻는 이득이 커졌고 다른 형태의 앱들이 등장했다. 아마존에서는 이를 스킬(skill)이라 부른다. 급성장한 스킬

그림 3-11 아마존 에코 AI 스피커의 마이크들

생태계가 아마존 에코의 입지를 매우 탄탄하게 만들었다.

이 사례에서 보듯이 좋은 AI 기술이 반드시 시장의 성공을 담보한다고 단정하기가 어렵다. 그보다는 사용자에 대한 이해를 바탕으로 적절한 기술을 잘 조합하는 것이 중요하다는 사실을 아마존의 에코가 잘 보여주었다.

재미있는 사례는 AI 챗봇이나 음성 스피커를 테스트한 마케팅 에이전시가 자신들의 감상을 일러스트로 그려서 트위터에 올려놓은 것이다(그림 3-12). 그동안 챗봇이나 AI 음성 에이전트의 테스트 소감을 일러스트로 표현한 것인데, 예를 들어 애플의 시리에 대해서는 '차가운 연예인(The Cool Headed Celebrity)'라고 평가했다. 한국인이 흔히 말하는 '차도녀(차가운 도시 여자)'쯤 된다. 시리의 목소리 들어본 사람이라면 그런 느낌을 받았을 것이다. 내가 시리를 사용하는 건지, 시리가 나를 도도하게 부르는 건지 잘

그림 3-12 AI 에이전트들을 테스트한 마케팅 에이전시의 평가 일러스트 (출처: https://twitter.com/tinyaxedigital/status/72073100307386680)

모르겠다는 사람도 있다. 이런 반응 때문에 시리는 생각보다 거리가 느껴진다고 차갑게 평가한 사람들이 많다.

아마존 에코의 알렉사는 '많은 것을 알고 있는 가정주부(The housekeeper that know too much)'라고 평가했다. 우리 집을 잘 아는 친한 아주머니 같다, 편안하게 여러 가지 일을 맡길 수 있을 것 같다는 말이다. 실제 알렉사의 목소리는 편안하고 부담스럽지 않다는 평가가 많다.

그에 비해 성능이 가장 좋다는 구글 나우에 대해서는 '선제 대응하는 스토커(The proactive stalker)'라는 평가를 받았다. 왜 하필 스토커일까? 일러스트 자체는 착하게 그렸지만 내 정보를 샅샅이 이용해 뭔가를 추천하고 미리 간섭하는 느낌이다. 그래서 추적당하고, 나 자신이 까발려진 느낌이 들기 때문에 '스토커'라고 평가한 것이다.

어떻게 보면 시키지 않아도 알아서 똑똑하게 반응한다는 생각에 일부 사람들은 스마트하다고 생각할 수 있다. 그렇지만 꽤 많은 이들에게는 '저것들이 내 정보를 어떻게 많이 알고 있어서 이런 식의 서비스를 할 수 있는 것이지?'라고 생각하고 불편하게 느낄 수 있다. 내 정보를 어떻게 취득해서 네 마음대로 하느냐고 생각하는 것이다.

예를 들면, AI는 며칠 동안 연속으로 낮에 찍힌 위치를 직장, 밤에 찍힌 곳을 집으로 가정할 수 있다. 이렇게 되면 평일 오후 5시에 직장에서 바깥으로 나가는 것이 인식되면, AI는 사용자가 퇴근한다고 생각할 수 있다. 이때 구글 나우가 친절하게 집으로 가는 지름길을 알려준다고 생각해보자. 기술을 좋아하는 사람 입장에서는 '스마트하다'고 감탄할 수 있겠지만 다른 사람들은 이런 경험을 하는 순간, 나의 정보를 너무 많이 아는 AI가 '나보고 이리 가라 저리 가라 한다'고 생각하면서 불편함을 느낄 수 있다.

테이는 마이크로소프트사가 만든 트위터 챗봇이다. 그런데 나오자마자 나쁜 말을 배워 트윗하기 시작했다. 욕을 하고 나치를 찬양하는 발언을 했다. 이를 재미있게 생각한 사람들이 리트윗하면서 마이크로소프트가 크게 망신당하기도 했다. 이런 사건을 겪은 테이는 출시 12시간 만에 폐기되는 운명을 맞이한다.

사실 2021년 큰 화제가 되었던 한국의 챗봇 '이루다' 역시 이와 유사한 여러 사건을 겪으면서 서비스가 중단되기도 했지만, 마이크로소프트 테이의 상황과는 전혀 다르다.

이 외에도 페이스북의 M이라든지 마이크로소프트의 가상 비서 코타나 등에 대한 평가도 있는데 이들은 사실 상업적인 성공을 하지 못하고 서비스가 사실상 중단되어서 특별히 더 논의할 필요가 없다.

중요한 것은 이렇게 AI 챗봇이나 음성 서비스를 만들 때도 페르소나(persona)가 있다는 점이다. 사람들이 잘 반응할 수 있고 편안하게 할 수 있는 목소리와 특징으로 디자인된 제품이 사용자로부터 인정받고 사랑을 받지 기술만 훌륭하다고 해서 성공하는 것은 아니다.

마지막 사례는 소프트뱅크 로보틱스가 출시한 소셜 로봇 페퍼다. 페퍼는 움직이면서 음성으로 응대가 가능한 소셜 로봇으로 광고도 많이 했고 이를 기대한 사람들도 많았다. 초창기 페퍼는 노인을 대상으로 초등학교 1학교 손자 로봇으로 개발된 제품이었다. 노인들에게 정서적 안정도 주기 위한 목적이 있었고, 일부 건강관리 기능과 화상통화 기능을 넣었다.

그러나 성공적인 판매는 일어나지 않았다. 200만 원 정도면 살 수 있다고 광고와는 달리 이런저런 사용료를 지급해야 했기에, 5년간 총 1,000만 원 정도의 비용이 발생하는 것으로 알려졌다. 이 정도의 고가의 제품을 할아버지와 할머니 집에 사줄 수 있는 여력을 가진 가족이 얼마나 될까? 아마 할아버지와 할머니가 직접 살 일은 없을 것이다. 아들이나 딸이 구매해서 선물한다고 해도, 100만 원 정도라면 몰라도, 1,000만 원짜리 제품을 사기는 쉽지 않다. 한마디로 시장성이 없는 제품을 만든 셈이다.

페퍼는 완전히 실패했을까? 그렇게만 보기도 힘들다. B2C 시장에서 큰 반응이 없자, 소프트뱅크 로보틱스는 B2B 모델로 변경하여 프로모션 하기 시작했다. 소비자 시장에서는 팔리지 않았지만 소프트뱅크의 매장이나 마트 등에서 수요가 발생하기 시작했다.

이때의 페퍼에 대한 용도는 원래의 소셜 로봇이라기보다 안내와 인사 등 주어진 일을 수행하는 일종의 아르바이트 직원 역할이었다. 이 경우 사람들의 감성을 인식하는 것보다는 응용 소프트웨어를 쉽게 쓸 수 있도록 만들고, 아르바이트에 적합한 코스튬을 입히는 것이 더 중요했다. 큰돈을 주고 구매하기보다는, 단기 렌털 모델이 더 인기를 끌었다. 이런 고객을 위해 하드웨어는 그대로 두면서도, 소프트웨어와 클라우드 서비스를 수정한 신제품이 재출시되었다. B2B 제품은 시장에서 쏠쏠한 반응을 얻었다.

B2B 시장에서는 왜 반향이 일어났을까? 사실 월 10만원이 안되는 렌털비를 감당하는 것은 사업체 입장에서는 그렇게 큰 부담이 아니었다. 파트타임 아르바이트를 고용하는 것과 비교하면 가격 경쟁력이 있다고 생각한 것이다.

또한 클라우드 기반으로 주어진 일을 잘 처리할 수 있도록 관리자가 손쉽게 메뉴를 넣을 수 있게 했다. 결국 나름의 성공을 거두기는 해지만 페퍼의 사례는 독특한 예외적인 것으로, 초기 개발 용도와 가격 측면에서는 시장 진입에 실패한 것으로 봐야 한다. 독거노인을 위해 손자 로봇으로 개발했는데, 어쩌다가 운 좋게 B2B로 사용 가능한 사례를 발견해 좋은 반응을 얻었기 때문이다.

이처럼 실제로 AI나 AI 기술이 탑재된 새로운 서비스와 제품을 만들 때는 누가 고객이고, 무엇을 필요로 하며, 가격은 어떻게 할 것인지 등을 면밀하게 따져보아야 한다. 아마존의 에코처럼 시장 요구가 무엇인지 정확하게 이해하고, 시장 요구에 맞는 하드웨어 스펙과 소프트웨어의 특징을 넣어 출시하는 것이 최첨단 기술을 넣고 "우리가 제일 잘합니다"라고 자랑하는 것보다 성공 가능성이 훨씬 더 크다. AI 성능을 중심으로 한 기술 완성도 이상으로 인간과 AI의 상호작용에 대한 이해가 더 중요한 이유다.

4장

AI 창의성

4-1
예술적 튜링 테스트

AI 기술은 어떤 방향으로 발전할까? 많은 발전과 진화를 거듭하고 있지만 아직도 연구해야 할 부분이 많다. 특히 창의성과 일반인공지능(Artificial General intelligence, AGI)으로의 발전, 뇌-기계 인터페이스의 기술 등이 미래 AI 기술의 중요한 부분으로 많은 관심을 받고 있다. 이런 분야에서 일부 상당한 성과가 나고 있기도 하지만 극복해야 할 숙제도 많다. 이번 장에서는 미래 이슈 가운데 창의성에 대해 생각해본다.

AI의 창의성을 좀 더 깊게 파고들기 위해서는 창의성 그 자체를 이해하는 작업이 선행되어야 한다. 심리학을 중심으로 한 여러 학자가 창의성을 정의하고 있지만, 필자가 가장 좋아하는 직관적인 정의가 있다.

이는 긍정심리학을 탄생시키고 행복과 몰입 등의 주제에 관한 연구로 세계적인 학자 반열에 올라 있는 미하이 칙센트미하이의 것이다. 그는 창의성을 이렇게 말했다.

"창의성은 기존의 도메인을 변화시키거나 기존 도메인의 것을 새로운 것으로 변형하는 어떤 행위나 아이디어 제품 등을 말한다. 여기서 중요한 것은 이렇게 만들어진 새로움이 기존 도메인에서 받아들여질 수 있어야 한다는 점이다."

두 개의 문장으로 된 이 정의를 뜯어보면 앞 문장은 새로운 아이디어, 행위, 제품을 설명한 것이어서 많은 사람이 창의성을 이야기할 때 흔히 언급하는 것이다. 이 정의에서 중요한 것은 두 번째 문장의 '기존 도메인에 받아들여질 수 있어야 한다'는 사실이다. 무슨 의미일까?

예를 들어보자. 미술가 잭슨 폴록이 물감을 뿌리는 행위를 하고 그렇게 만들어진 작품이 현대미술계에 큰 화제를 일으켰다. 이 행위와 작품에 대해 일반인은 그것이 무슨 미술 작품이냐고 비난하는 이들도 적지 않았다. 그런데 예술계는 무질서하게 뿌린 것 같지만 이 행위에는 철학적 의미가 있고, 이를 통한 창작은 충분히 작품으로 받아들일 수 있다는 결론을 내렸다.

지금은 잭슨 폴록이 최고의 아티스트로 인정받고 있다. 이런 맥락에서 잭슨 폴록의 행위와 작품은 충분히 '창의적'이라 말할 수 있다.

필자가 컴퓨터를 이용해서 랜덤으로 여기저기에 픽셀을 뿌리는 프로그램을 만들었다고 가정하자. 컴퓨터 프로그램이 정말 무작위로 뿌리게 할 수도 있고, 나름의 규칙을 이용한 패턴에 따라 뿌리게 할 수도 있다. 이렇게 해서 탄생한 작품을 '화면상에 뿌려진 점'이라고 이름 붙이면 과연 미술계가 이를 '창의적'이라고 판단하고 작품으로 받아들일까? 아마도 "이게 예술작품이냐?"라고 반문하고 "우리는 그것을 예술작품으로 받아들이지 않는다"라고 말할 가능성이 높다. 그렇다면 필자의 작품은 해당 도메인의 사회에서 받아들여지지 않은 것이다. 이 경우에는 '창의적' 또는 '창조적인 작품'이 아니라는 것이 미하이 칙센트미하이의 말이다.

중요한 것은 새로워야 한다는 점, 여기에 더해 새롭게 시도한 것이 해당 사회(도메인)에서 받아들여질 때 비로소 창의성을 인정받는다는 사실이다.

최근 유행하는 창의적(creative) AI는 어떻게 볼 수 있을까? 무엇보다 중요한 점은 AI의 창의성을 바라보는 두 개의 다른 접근과 관점일 것이다.

첫 번째는, 인간 창작자를 대체하는 것으로 보는 시각이다. AI가 뭔가를 새롭게 생성하고 그 결과물이 인간의 한계를 넘었다고 말하는 접근이 여기에 해당한다.

필자는 이를 예술적 튜링 테스트 개념으로 설명한다. 컴퓨터가 있고, 반대편에 사람이 있을 때 누군가 채팅을 한다. 그때 반대편에 있는 상대를 컴퓨터 혹은 사람으로 구별해내지 못하면 튜링 테스트를 통과했다고 말한다.

예술적 튜링 테스트도 이와 유사하다. 만약 AI가 어떤 그림을 그리거나 음악을 만들었다고 치자. 이 작품을 만든 창작자가 AI 인지 아니면 진짜 인간 예술가인지 테스트해서 보는 사람이 구별하기 어려울 때 예술적인 튜링 테스트를 통과했다고 한다.

AI를 만드는 많은 이들이 AI의 생성형 기술이 예술적 튜링 테스트를 통과해서 인간보다 더 인간 같은 작품을 만들어낸다고 말한다.

두 번째는 창작자에게 AI가 협력자이자 조력자로서 상보적인 역할을 하는 경우이다. 미술계에 새로운 형태의 캔버스와 물감이 생기는 것처럼, AI를 새로운 작품을 만드는 재료나 도구처럼 쓰는 것이다.

이 경우 진짜 문제는 대다수의 창의적인 창작자들이 현재의 머신러닝이나 AI 도구를 잘 다룰 수 없다는 사실이다. 그들에게 파이썬이라는 프로그래밍 언어를 배우게 하고, 커맨드 라인에서 명령어를 입력하며, 소프트웨어의 일종인 도커(Docker)로 뭔가를 설치하는 등의 기초적인 작업을 하게 만들 수 있을까? 그리고 창작하는 AI의 원리를 이해하기 위해 선형대수, 확률이론, 미분, 최적화 이론 등을 배워야 한다면 창작자들이 여기에 접근해서 마음껏 도구처럼 AI를 사용할 수 있을까?

그렇다면 우리는 AI를 이용한 창의성을 어떻게 바라보고, 이 기술을 어떻게 활용할 수 있을지 고민해야 한다.

스포티파이와 창의성: 최근우 박사

(스포티파이 근무하던 시기의 인터뷰, 최근우 박사는 현재 틱톡을 서비스하는 바이트댄스로 이직했다.)

최근우: 안녕하세요. 저는 스포티파이에서 연구과학자로 일하고 있는 최근우입니다.

정지훈: 스포티파이는 한국에서 서비스하고 있는 회사가 아니잖아요?(인터뷰 당시에는 그랬음. 스포티파이는 2021년부터 한국 서비스를 시작함.)

최근우: 스포티파이는 음악 스트리밍 업체로, 사용자 수 기준 세계 1위입니다.

정지훈: 스포티파이와 같이 창의적인 작업이 필요한 회사에서는 AI가 어떤 역할을 하고 있나요?

최근우: 그동안 제일 중요했던 것은 '추천 엔진'이었습니다. 음악을 추천할 때 과거의 추천 시스템에 있던 것을 토대로 어떻게 개인화된 추천을 할 수 있는지에 관한 연구가 진행되었고, 데이터도 매우 많습니다. 하루에 스트리밍이 수천만 건 정도 되니까요. 그런 스케일의 데이터를 갖고 있고, 사용자 수가 많을 때 어떻게 효과적으로 개인화된 추천을 해줄 것인가가 스포티파이의 핵심 리서치 부분이라 할 수 있습니다. 그리고 AI 기술로 음악 신호를 분석하기도 하죠.

정지훈 : 음악 신호 자체를 분석하나요?

최근우 : 에코네스트라는 회사가 있었어요. 보스턴에 있는데요. 자연어처리, 텍스트 프로세싱을 통해 음악 정보를 추출하고, 소리에서 정보를 추출하는 것을 핵심으로 하는 회사죠. 스포티파이가 5년 전에 인수했습니다.

정지훈 : 일찍 인수했네요.

최근우 : 그렇죠. 그때는 IPO(기업공개) 몇 년 전이었죠. 그 이후 재미있는 제품이 많이 나왔고, 저희 팀은 당시 에코네스트의 오디오 분석팀이 스포티파이에 그대로 남아서 많은 일을 하고 있습니다.

정지훈 : AI가 창의성과 관련해 어떤 역할을 할 수 있는지요? 음악 쪽에서도 사용되는지요?

최근우 : 네. 이미 많이 사용되고 있습니다. 음악 생성이라고 하면 범위가 굉장히 넓은데요. 기존 작곡가의 역할을 대신해 주는 AI가 있고, 연주자의 역할을 대신해 주는 AI, 사운드 엔지니어를 대신해 주는 AI도 있죠. 작곡을 대신해 주는 경우에는, AI가 만들어낸 결과는 저희가 듣는 음악이 아니라 악보라거나 MIDI(디지털 음악 표준) 같은 것이 되죠. 그런 쪽으로 연구를 많이 진행하고 있습니다. 연주 같은 경우, 한국에서는 카이스트가 많은 연구를 하고 있죠. 악보를 주었을 때 이것을 연주하는 방법의 가짓수는 무한합니다. 특히 클래식 음악은 예전에 나온 음악을 사람들이 소비하지만 아직도 새로운 연주자가 발굴되고, 사람들이 새로운 음악과 연주를 찾아 듣고 새로운 해석을 합니다. 이런 부분에서도 AI 기술 수준이 높아졌습니다.

정지훈 : 스포티파이에서도 생성형 AI로 연구하는 팀이 있나요?

최근우 : 파리에 있는 팀의 경우 자동 작곡을 메인으로 하고 있습니다.

정지훈 : 많이 나오는 질문 중 하나인데요. 자동으로 작곡하고 노래 부를 수 있을지도 모르겠는데요. 그렇게 만들어진 곡이 서비스될 수 있을까요?

최근우 : 충분히 서비스될 수 있죠. 스포티파이의 경우 현재 비즈니스모델은 청취자가 음악을 감상할 때 기대할 수 있는 여러 가지 서비스를 제공하는 것입니다. 그중에는 '엘리베이터 뮤직'이란 것이 있습니다. 남을 방해하지 않으면서도 어색한 분위기를 줄여주는 특정 장르의 음악이죠.

정지훈 : 카페나 매장에서 흘러나오는 음악 말씀하시는 거죠?

최근우 : 그것도 비슷하죠. AI 기술로 한다면 이 분야의 확장이 가능합니다. 예를 들어, 엔터 키 한 번으로 수천 곡이 나올 수 있거든요. 주어진 상황에 맞게 음악을 바꿀 수도 있고요.

정지훈 : 배경 음악 분야에서는 AI의 역할이 크겠네요.

최근우 : 그렇죠. 게임 배경 음악 같은 경우 게임을 하고 있는 상황과 분위기에 따라 음악을 바꿀 수 있죠.

정지훈 : 네. 일하다가 보스가 나타났다면 음악이 달라지고, 긴장 상황에 있을 때 다른 음악이 나오는 것이네요. 상황에 맞춰 적절한 음악으로 바뀌어야 하니, 전혀 다른 기술이 필요할 수도 있겠네요. 라이브나 콘서트를 할 때도 AI 기술이 끼어들 수 있는 자리가 있을까요?

최근우 : 말씀하신 내용은 지금 학계에서 주목하는 내용이 아니긴 합니다.

정지훈 : 라이브보다는 작곡을 많이 하고 있죠.

최근우 : 그런데 저는 그 분야에 관심이 많아요. 제가 밴드를 하고, 밴드 음악을 좋아하고, 여럿이 연주할 때도 있는데요. 밴드의 합이 좋으면 이심전심으로 연주가 이어집니

다. 그래서 각 악기가 서로 소통 가능하다면 훌륭한 연주가 나오거든요. 라이브 밴드의 모든 악기를 완벽하게 관장하는 AI 기술이 개발된다면, 밴드가 만들어 낼 수 있는 최고의 하모니와 멤버 간의 소통이 훨씬 나아지지 않을까 싶어요. 그게 해결됨으로써 기존에는 불가능했던 것들이 생기지 않을까 생각하고 있습니다.

정지훈 : 세션맨이 생길 수 있겠네요.

최근우 : 네, 그렇죠.

정지훈 : 밴드를 할 때, 4인조라면 멤버를 구해야 하는데 멤버가 모자랄 때 AI 세션맨이 있으면 음악이 훨씬 풍부해지겠네요.

최근우 : 네, 얼마든지 그리고 분명히 그런 일이 일어나리라 생각해요.

4-2
창의적 디자인 원칙

AI의 창의성을 만들어내는 핵심적인 두 가지 기술로 GAN (Generative Adversarial Network)과 VAE (Variational Autoencoders)가 많이 이용된다. 기술적으로 약간의 차이가 있지만 기본적으로 학습을 통해 어떤 스타일이나 패턴, 형태 등을 여러 가지 조건에 따라 데이터를 생성해서 학습한 것과 유사하게 만드는 기술이다.

그렇지만 이런 기술을 이용해서 새로운 것을 만든다고 해서 창작자를 대체할 수는 없다. 창작자는 이런 AI 도구를 새로운 물감이나 캔버스 삼아 더 나은 종류의 작품을 만들어낼 수 있어야 한다.

MIT 미디어랩의 미첼 레스닉은 창의성 지원 도구를 만들 때 적용할 수 있는 디자인 원칙을 제시했다. 그가 제시한 원칙은 새로운 AI 중심의 창작 도구를 만들 때도 필요하다. 그가 제시한 12가지 원칙을 살펴보자.

첫 번째 원칙은 탐험을 지원하라는 것이다. 창작은 창작자가 새로운 가능성을 찾아서 다양한 실험을 하는 것에서 시작한다. 이때 중요한 것은 이미 정해진 길을 가도록 하는 것이 아니라, 다양한 길을 쉽게 개척할 수 있도록 하는 것이다. 그래서 다양성 제시가 중요한데 이는 일반적인 사용자를 대상으로 하는 UX의 주요 원칙과는 대비되는 측면이 있다.

두 번째는 임계점을 낮추고, 천장은 높이며, 벽간의 간격을 넓히라는 것이다. 즉 진입을 쉽게 해서 충분히 시도할 수 있게 하지만, 탐험해야 하는 공간의 높이와 넓이는 최대한 크게 해서 충분한 자유도를 선사하라는 의미이다. 이는 첫 번째 원칙과 일맥상통한다.

세 번째는 다양한 길과 스타일을 지원하라는 것으로, 앞선 원칙들과 비슷한 맥락으로 이해할 수 있다.

네 번째와 다섯 번째는 각각 협업과 개방이다. 최근에는 디지털 도구를 사용하는 창작의 경우 다양한 모듈과 에셋 등을 공유하고 거래하면서 풍부한 작품을 만들 수 있다. 그렇기 때문에 여러 사람과의 협업이 중요하고, 데이터를 쉽게 주고받을 수 있도록 하는 다양한 도구를 사용하는 것이 필요해졌다.

여섯 번째는 최대한 간단하게 만들라는 것이다. 이것은 모든 디자인에 적용되는 기본 원칙이다.

일곱 번째는 블랙박스를 신중하게 고르라는 것이다. 디지털 도구나 AI가 만든 것은 어떻게 그렇게 만들어지는 것인지 잘 모르기 때문에 블랙박스라는 평가를 받는 경우가 많다.

나머지 원칙들은 평이한 내용이어서 자세한 설명은 생략한다.

창의성과 AI에 관련된 핵심 메시지는 최고의 인공지능 학회 중 하나인 NIPS 2017 창의성 AI 워크숍에서 골드스미스대학교의 레베카 파이브링크가 언급한 '창작자들이 원하는 AI'로 요약할 수 있다.

"그들이 원하는 것은 오래 걸리는 지루하고 반복적인 작업에 시간을 덜 쓰게 하고, 반대로 새로운 아이디어가 떠올랐을 때 이를 쉽게 발전시키되, 개념적으로는 풍부하게 뭔가를 만들 수 있게 도와주는 AI입니다. 또한 기술과 다양한 재료들 사이의 관계도 고려할 수 있다면 더욱더 좋겠지요."

아직 예체능 분야에서는 AI, 머신러닝 교육, 연구 등이 활발한 편은 아니지만 앞으로 많은 사람이 이를 배우고 활용할 것으로 생각한다. 골드스미스대학교에는 '뮤지션과 아티스트를 위한 머신러닝'이라는 과목이 개설되었으며, 온라인 코스도 제공하고 있다.

뉴욕대학교에는 ITP대학원 과정에 신경 미학 과목이 개설되었는데 이는 유명한 AI 예술가 중 한 명인 진 코건이 개설한 과목으로, 신경망을 이용한 다양한 예술적 활용 사례와 프로젝트를 지원하고 있다.

필자가 최고 비전 책임자로 있는 모두의연구소에서도 보이스아트랩, GTA, 인터렉티브 아트 랩, 루바토 랩 등 다양한 종류의 연구실이 생기고 있는데 사람들의 관심이 뜨겁다는 것을 알 수 있다.

AI가 예술을 대치할 것인가: 최근우 박사

정지훈 : AI와 창의성을 이야기할 때, AI가 무언가를 새롭게 생성하는 것이 많으면 음악을 하는 사람들은 자기 일이 없어지는 게 아니냐고 걱정합니다.

최근우 : 우려가 존재하는 것과 위험하다는 것, 둘 다 말이 된다고 생각합니다. 모든 기술은 그것을 개발해서 사용했을 때 어느 정도 위협이 존재합니다. 자동 운전이라면 수많은 트럭 운전사와 택시 운전사들이 일자리를 잃을 수도 있고요. 사람들이 적응하기 어렵고, 맞서 싸우기도 힘든 그러한 기술이다 보니 더욱 그렇죠. 하지만 예술 쪽에서는 그런 기술을 이용해 더 재미있는 것을 더 많이 할 수 있는 긍정적인 면이 많다고 생각해

요. 사진기가 나왔을 때, 초상화를 그려주던 사람들은 직업을 잃었겠지만 여전히 누군가는 초상화를 그리고 있고, 이는 별도의 영역으로 존재하잖아요. 사진의 역할이 따로 있고 그림의 역할이 따로 있는 것처럼. 포토샵이 생겼다고 해서 모든 것을 대체하는 것이 아니라 이전에 불가능했던 것을 가능하게 해주는 거죠.

정지훈 : 작업의 종류가 달라지는 거죠?

최근우 : 네, 그렇죠. 한마디만 더 하면, 본질적으로 예술이 어느 순간부터 기술보다는 이 작품을 어떤 식으로 해석하고 어떻게 프레이밍하는지가 훨씬 중요해졌잖아요. 곡을 써서 음악을 만들더라도 실제로 사람들이 이것을 소비할 때 등록된 3만 곡을 다 들어본 후에 "이 곡은 내가 제일 좋아하는 노래다"라고 하지 않죠. 음악 외적인 것을 포지셔닝하고 거기에서 자신만의 음악을 듣죠. 이때 여전히 포지셔닝하는 사람이 존재할 테고, 그렇다면 AI의 도움을 많이 받더라도 실제로는 여전히 사람의 역할이 훨씬 중요하지 않을까 생각해요.

정지훈 : 예전에는 악기를 잘 다루는 이들이 뮤지션을 했는데 이런 기술이 발전해서 잘 믹스되어 음악을 잘 만들어내는 아티스트들이 유명해지는 경우가 많이 생겼습니다.

최근우 : 1970년대부터 1990년대에는 보컬이 노래 잘해야 했죠. 음색을 통해 이것을 전달하는 기능은 보컬이 노래를 잘할 때만 가능했으니까요. 기존 음악에 익숙해져 있는 청취자들은 최근의 보컬 실력이 다소 떨어지는 아티스트에게 저게 가수냐고 욕하는 경우도 생겼지만 지금은 타고난 목소리를 갖고 있지 않은 사람도 충분히 좋은 음악을 하고 노래를 만들 수 있도록, 기술이 도와주고 있다고 받아들이는 사람도 많습니다.

정지훈 : 박사님이 AI 기술로 이런 것은 꼭 만들어 보고 싶다는 것이 있으신가요?

최근우 : 생성이나 분석 쪽을 말씀하시는 거죠?

정지훈 : 네, 두 가지 모두요.

최근우 : 생성 쪽으로는 음악에 관심 많고, 아마추어 뮤지션으로서 제가 원하고 제가 좋아하는 새로운 소리를 찾고 있습니다.

정지훈 : 새로운 소리요?

최근우 : 제가 도구를 만든다면 인터페이스와 기술을 갖춘 도구가 되겠죠? 요즘 그쪽에 관심이 있고요. 분석 쪽으로 한다면, 스트리밍 업체 직원으로서 저희가 하는 일이 분석이기 때문에 모든 게 통합되어 현재 카탈로그에 있는 4천만 곡을 지금보다 더 높은 수준으로 완벽하게 채보(악보를 기록)하고, 트랜스캡션(가사 기록) 하고, 그게 어떤 음색이고 어떤 악기인지를 알아내고, 리듬과 화성적으로는 어떤지 등 모든 것을 분석하고자 합니다. 거기에서 사람들이 자기가 인지하지 못하고 있는 취향과도 매치시키는 것도 가능하지 않을까 싶습니다.

정지훈 : 역시 음악을 사랑하는 연구원의 자세가 많이 느껴집니다.

최근우 : 매일 생각하는 것이 그렇습니다.

4-3

AI 예술 작품

 이미 AI를 이용한 창의적인 작품이 많이 발표되고 있기에, 대표적인 사례를 몇 개 소개한다.

그림 4-1 진 코건의 '이상한 나라의 앨리스' 변형 클립의 일부 캡처 화면 (출처: https://vimeo.com/139123754)

첫 번째로 소개할 것은 진 코건의 작품이다. 영상 부분에 스타일 트랜스퍼를 적용해 크게 히트한 '이상한 나라의 앨리스'의 신경망 버전이다(그림 4-1). 이것은 1951년에 공개된 디즈니의 애니메이션에 17개 아티스트의 스타일을 입혀 만들었다. 작품이 발표된 2015년만 하더라도 이 기술을 적극적으로 활용한 사례가 흔하지 않았기에 많은 관심을 불러일으켰다.

두 번째로 한나 데이비스는 '트랜스프로스(TransProse: Music from Text)'를 발표해서 소설 등 문학 작품의 글을 입력하면 이를 해석해서 자동으로 곡을 연주하게 만들었다. 스토리의 긴장도나 진행 양상에 따라 음악이 전개되는 방식인데, 2014년에는 이런 작품을 모아 〈First Iteration〉이라는 디지털 음원을 발매하기도 했다. 음악 제목은 입력된 유명 소설의 이름을 따서 어린 왕자, 피터팬, 이상한 나라의 앨리스 등이 된다.

마이크 타이카는 딥러닝 신경망에서 인간의 인식과 관련한 무의식을 찾아낸 것으로 유명하다(그림 4-2). 만약 딥러닝 네트워크에서 인간의 무의식에 해당하는 것을 생각한다면, 데이터가 처리되는 과정의 중간에 존재하는, 중간 은닉층의 데이터를 시각화할

때 무의식을 형상화할
수 있다는 아이디어로
작업을 진행했다. 이를
'딥드림(Deep Dream)'
이라고 이름 붙였는데
딥러닝의 은닉층이 무
의식 데이터와 비슷하

그림 4-2 마이크 타이카의 딥드림 (출처: https://deepdreamgenerator.com/)

다면 꿈 같은 영상으로 생각할 수 있기 때문에 이렇게 명명한 듯
하다. 마이크 타이카는 이런 이미지들을 애니메이션으로 엮은 작
품을 여러 개 공개하기도 했다.

로빈 슬론은 소설을 쓰는 어시스턴트 작가 AI를 개발했다.
'LSTM SF 조교(Sci-fi Assistants)'라고 이름 붙은 이 도구는 SF 작
품들을 학습해서, 한 문장을 쓰면 다음 문장을 제안하는 방식으
로 작가의 글쓰기를 돕는다. 사실 이 기술은 최근 GPT-3가 등장
하고 이를 활용한 다양한 시도들이 나오면서, 많은 서비스가 이
기술을 활용할 수 있게 되었다.

다른 한 가지는 AI를 라이브 퍼포먼스에 사용하는 다양한 인터
페이스로서의 가능성을 보여 준 사례이다. 이 분야 역시 진 코건
이 다양한 시도를 했는데, 그는 간단히 실시간으로 학습시킨 이
미지나 소리를 이용해서 현장에서의 반응을 그대로 활용한 퍼포
먼스를 다양하게 보여주는 것으로 유명하다. 예를 들어, 관객들

ALYSIA
Make Original Songs with Ease!
★★★★☆ 47

OPEN

그림 4-3 AI가 가사와 곡을 써주는 웨이브AI의 앨리샤 (출처: https://twitter.com/withalysia)

에게 여러 종류의 소리를 내도록 유도하고, 이를 학습한 뒤 단체로 게임을 플레이하거나 곡을 연주하게 한다. 이는 작품뿐만 아니라 스마트하고 인터렉티브한 공연 도구로 활용할 수 있음을 보여준 좋은 사례다.

마지막으로 소개할 것은 필자의 지인 중 한 명인 산타클라라대학교의 마야 애커먼 교수의 주도로 개발한 웨이브AI 회사의 앨리샤이다(그림 4-3). 앨리샤는 모바일 디바이스를 통해 가사, 멜로디, 가이드 보컬 등을 쉽게 만들 수 있게 한다. 6장에서 설명하게 될 버트(BERT) 기술을 기반으로 영어 가사를 쉽게 쓸 수 있고, 동시에 배경 코드만 지정하면 정해진 가사에 맞는 멜로디가 저절로 생성된다. 여기에 음성 합성을 통해 가이드 보컬 퍼포먼스를 생성할 수도 있는데, 이를 직접 음악 감상에 활용할 수도 있지만 유튜브 커버송을 전문으로 하는 싱어가 자신만의 노래를 만들어 녹음하여 공개하기도 한다.

이처럼 창의성과 관련한 AI 기술은 다양한 예술가와의 협업을 통해 과거에는 볼 수 없었던 작품들을 세상에 내놓고 있다. 앞으로도 AI가 예술 현장에서 함께 하는 것이 더는 이상하게 느껴지지 않을 것이다. 디지털 도구로 그림을 그리는 것이 이제는 신기한 것이 아니라 너무나 당연한 것 중 하나로 느껴지게 되는 날이 머지않았다.

음악과 AI의 창의성: 마야 애커먼 교수

마야 애커먼 : 저는 산타클라라대학교에서 컴퓨터공학 교수로 일하고 있고, 웨이브AI의 공동창업자이자 CEO로 일하고 있습니다.

정지훈 : 웨이브AI를 시작한 계기가 있나요?

마야 애커먼 : 박사 학위를 공부하던 중에 보컬 레슨을 받았고, 금세 노래에 푹 빠졌습니다. 노래를 부르면서 제 노래를 만들어 보고 싶었지만 어떻게 해야 하는지 잘 알지 몰랐죠. 작곡을 하려면 많은 기술이 필요합니다. 가사와 보컬 멜로디를 만들 줄 알아야 하고,

노래를 부르고 음악을 만들 줄 알아야 했습니다. 저는 이런 기술을 익히기 위해 노력했지만 3년이 지나도 만족할 만한 노래를 만들지 못했습니다. 그래서 웨이브AI를 만들어 음악 전문가는 물론 초보자들이 음악을 통해 자신을 쉽게 표현할 수 있도록 돕기로 한 것이죠.

정지훈 : 팀은 어떻게 구성했나요?

마야 애커먼 : 공동창업자 중 한 명인 데이비드 로우커는 연구 프로젝트 초기 단계에 합류했고, 산업 분야에서 경험이 풍부했습니다. 그는 엘리샤에 합류하기 전에 애드테크(광고 기술) 스타트업에서 머신러닝 전문가 팀을 이끌었고, 넷플릭스와 아마존을 대상으로 머신러닝 기술을 공급했습니다. 또 다른 공동창업자 크리스토퍼 케이슨은 아주 똑똑합니다. 그는 이전에 IBM 연구원으로 일했고 구글에서 머신러닝을 연구했습니다. 그리고 제가 플로리다주립대학교에서 교수로 있을 때 제가 가르친 학생이기도 했습니다. 그도 초기에 합류했고, 핵심 머신러닝 기술을 개발하고 있습니다. 운이 좋게도 많은 사람이 다양한 방법으로 우리 회사를 돕고 있습니다. 뛰어나고 다양한 능력을 갖춘 사람들을 보유하고 있어 이들과 함께 시장에 혁신적인 제품을 내놓고 있습니다.

정지훈 : 많은 사람이 창의성은 분석적인 사고 능력이 중심인 AI 애플리케이션과 다르다고 생각합니다. 하지만 최근에는 A I산업에서 창의성도 매우 중요해졌습니다. AI 분야에서 창의성의 미래는 어떨 것으로 생각하나요?

마야 애커먼 : 제가 머신러닝과 AI 외에 초점을 맞추고 있는 것은 컴퓨터에 의한 창의력(computational creativity)입니다. 이것이 무엇이고, 컴퓨터가 창의적이라는 건 무슨 뜻일까요? 어떻게 컴퓨터가 창의적일 수 있을까요? 어떻게 인간과 함께 창의적일 수 있을까요? 이런 질문이 바로 우리 회사의 미래입니다. 머신과 해당 분야 최고 전문가와의 창

의적인 콜라보레이션이 있어야 의미 있는 작업이 됩니다. 이것은 단지 과제를 완수하는 데 그치지 않고, 간접적으로 우리를 가르칩니다. 엘리샤를 사용하면 사람들은 작곡을 하는 법을 배우면서 즐겁고 자연스럽게 작곡가가 된 것 같이 느낄 수 있고, 더 나은 작곡가로 성장할 수 있습니다.

정지훈 : 많은 사람이 창의적인 AI가 아티스트 자리를 차지할 수도 있다고 생각합니다. 이로 인한 두려움도 존재하는데요. 이 문제나 질문에 대해 어떻게 생각하시나요?

마야 애커먼 : 역사를 살펴보면, 어쿠스틱 피아노가 도입되었을 때 사람들은 이 도구가 너무 많은 것을 할 수 있어서 걱정한 적이 있습니다. 시간이 지나 전자 기타가 등장하자 사람들은 매우 당혹스러워했습니다. 전통적인 관점을 가진 사람들은 인간의 창의성이 상실될까 두려워하기도 했죠. 개러지밴드, 로직프로, 에이블톤과 같은 뮤직 워크스테이션이 도입되었을 때도 사람들은 불안해했습니다. 하지만 결국 각 기술과의 협업이 일어났고, 아티스트와 아마추어가 도전에 맞서면서 창의성을 더욱 발현할 수 있었습니다. 최근에 엘리샤로 아주 훌륭한 노래를 만들어 발표한 뮤지션이 있는데요. 그는 이렇게 말합니다. "노래를 만드는 일과 사람의 예술은 단지 기술이 아닙니다. 단지 일을 완수할 수 있는 능력에 관한 문제도 아닙니다. 그것은 공유하고 싶은 '욕망'에 관한 것이고 자신을 드러내고 싶은 '표현'에 관한 것입니다. 그리고 이것은 사람들이 절대 잃을 수 없고, 더 많은 도구를 가질수록 자신을 더 잘 표현할 수 있습니다. 우리는 다양한 모델을 사용합니다." 엘리스는 노래 가사에 따라 완전히 다른 기계 학습 모델을 가지고 있고, 보컬 멜로디를 만들기 위해 딥러닝 모델의 전체 앙상블도 가지고 있습니다. 그래서 다양한 범위의 사용자를 수용할 수 있고, 그들에게 완전한 작곡 경험을 제공하며, 훌륭한 노래를 만들 수 있게 합니다.

정지훈 : 그렇다면 웨이브AI 회사의 미래는 어떻게 보시나요?

마야 애커먼 : 두 가지 방향에서의 성장이 있습니다. 하나는 이곳 미국이라는 영어권 시장과 세계 시장에 초점을 맞춰 제품을 세상에 내놓는 것입니다. 저희는 AI와 함께 작곡하는 방법에 대한 다양한 지식을 구축해서 제품을 출시하고자 합니다. 나머지 하나는 새로운 목소리 작업입니다. 다양한 음악 스타일에 어울리는 목소리를 입히기 위한 것이죠. 기본 멜로디 모델에서도 아주 놀라운 진전이 있습니다. 음악을 잘 모르는 사람들도 아주 쉽게 만들 수 있도록 하고 있습니다.

5장

AI 비즈니스

5-1

AI 응용 산업

이번 장에서는 AI와 비즈니스를 깊이 있게 이야기해보고자 한다. 먼저 AI 스타트업들의 성장과 관련한 데이터를 보면서 산업의 발전 방향을 알아보자.

어패니언이 발표한 AI 3.0 상업화 백서(그림 5-1)에 따르면 2013년에 투자를 받은 AI 스타트업은 총 1,739개였는데 2017년에는 15,000개가 넘었다. 4년 만에 거의 10배에 육박하는 성장세를 보여주었다.

닷에이아이(.ai) 도메인을 확보한 곳은 더 가파르게 늘어 45배가 되었다. 최근에는 닷에이아이가 거의 소진되어 머신러닝의 약자인 '닷엠일(.ml)'까지 경쟁이 치열하다.

관련된 연구도 매우 활발해서 AI 관련 연구 논문의 수는 매년

AI 스타트업 벤처투자

글로벌, 단위: 100만 달러 기준

AI URL을 가진 스타트업 수

투자받은 글로벌 스타트업 기준

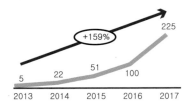

AI관련 연구논문 수

단위: 1000

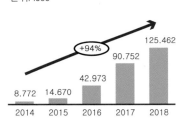

AI에 대한 언론의 언급

테크 저널리스트가 작성한
오리지널 미디어

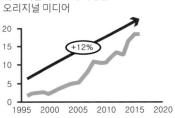

그림 5-1 AI에 대한 관심 증가 (출처: 어패니언 AI 3.0 상업화 백서)

12% 이상 증가하고 있고, 언론에서 AI를 다루는 비율도 매해 2배
씩 가파르게 증가하고 있다. 모든 영역에서 AI의 비즈니스화가
활발하게 진행되고 있다.

글로벌 시장조사업체인 CB인사이트의 리포트(그림 5-2) 역시
AI와 관련한 비즈니스가 어떻게 성장하고 있는지 잘 보여준다.
그림을 보면 카테고리별로 어떤 분야가 뜨고 있는지 살펴보는 데
큰 도움이 된다.

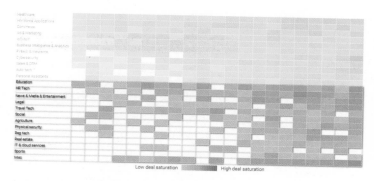

그림 5-2 일부 산업 분야를 넘어서 거의 전 산업 분야로 AI 응용영역이 확대 (출처: http://www.cbinsights.com.linkis.com/v8IEk)

2012년부터 2014년까지만 해도 대부분의 AI 관련 비즈니스가 헬스케어, 커머스, 광고·마케팅, IoT, 핀테크, 보안, 세일즈·CRM, 자동차, 퍼스널 어시스턴트 등에 집중된 것을 확인할 수 있다. 하지만 2015년을 기점으로 교육, HR, 뉴스와 미디어, 법률, 농업, 부동산, 클라우드, 스포츠 등과 같이 전통적으로 AI와의 연관성 없는 것으로 보이는 분야에도 많은 투자가 일어나고 있음을 알 수 있다. 다시 말하면, 이제는 사실상 거의 모든 산업이 AI의 영향권에 들어갔다고 해도 과언이 아니다.

그림 5-3은 AI와 관련한 M&A 히트맵이다. 대기업은 경쟁력 확보를 위해 적절한 스타트업을 인수하는 것이 중요한데, M&A 히트맵을 보면 큰 기업들이 주로 관심을 두고 있는 분야를 알 수 있다.

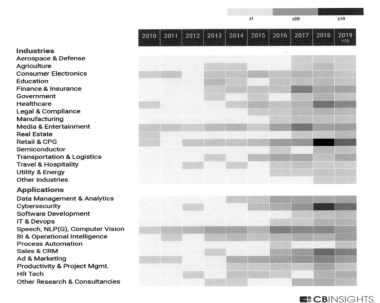

그림 5-3 2011~19년 동안 AI 관련 기업의 산업별 M&A 양상 (출처: https://www.cbinsights. com/research/top-acquirers-ai-startups-ma-timeline/)

그래프는 대기업이 여러 영역에서 다양한 AI 스타트업을 인수하고 있다는 사실을 보여준다. 그중에서도 가장 뜨거운 분야는 금융과 보험, 헬스케어, 미디어와 엔터테인먼트, 소매 시장, 사이버 보안, 스피치와 언어, 컴퓨터 비전, 광고와 마케팅 등이다.

이는 AI 스타트업 투자가 많이 진행되는 산업 분야와 약간의 차이가 있음을 보여준다. 무엇보다 중요한 것은 스타트업이든 대기업이든 많은 회사가 AI를 새로운 성장동력으로 여긴다는 사실이다.

AI 스타트업 현황: 촌 탕 투자자

촌 탕 : 저는 UC버클리에 있는 스카이덱 펀드의 경영 파트너입니다. 스카이덱 펀드는 버클리의 액셀러레이터를 거치는 기업에 투자합니다.

정지훈 : 최근 얼마나 많은 스타트업이 AI와 관련되어 있나요?

촌 탕 : AI를 주된 경쟁 요소로 두고 있는 기업만 살펴보면 아마 약 3분의 1 정도 됩니다.

정지훈 : 상당한 숫자네요.

촌 탕 : 네, 큰 수에 해당합니다. 2018년 초에 저희가 첫 코호트를 했을 때, AI에 초점을 맞추고 있는 기업은 두 곳 정도였습니다. 그런데 2018년 중반부터 1년 넘게 AI를 비즈니스의 가장 중요한 요소로 생각하는 기업의 수가 엄청나게 증가했습니다. 정말 대폭 늘어났죠.

정지훈 : AI 산업과 관련된 가장 대표적인 질문 하나를 하겠습니다. 'AI 연구원과 AI 투자자 그리고 AI 사업가'의 차이점은 무엇인가요?

촌 탕 : 중요한 것은 세 가지 요소가 프로세스에 어떻게 기여하는가입니다. AI 기술에 대한 그들의 시각은 매우 다릅니다. 첫째, AI를 연구하는 사람은 여러 가지를 할 수 있다는 것을 인정해야 합니다. 수년 전 이미지넷이 처음으로 돌파구가 되어 사람들이 AI가 어려운 문제들을 해결하는 데 아주 흥미로운 방법이 될 수 있다는 것을 알게 해주었습니다. 어려운 문제를 해결하는 데 있어서 컴퓨터보다 사람이 더 뛰어나다고 여겼습니다. 이미지넷으로 인해 처음으로 정형화된 일에 있어서는 사람보다 컴퓨터가 더 나을 수 있음을 보았습니다. 컴퓨터가 사람보다 훨씬 뛰어날 수 있다는 생각 자체가 매우 놀라운 것입니다. 그 이후 중요성이 훼손되지 않으면서 연구가 진행되어 왔다고 생각합니다. 저희가 지난 12개월 동안 경험한 것은 단지 흥미로운 기술을 사용하는 것에 관한 것이 아니라

어떻게 데이터를 불러오느냐입니다. 데이터를 어떻게 사용해야 더 많은 가치를 제공할 수 있는지, 또 더 많은 가치를 생성할 수 있는 데이터를 어떻게 모을 수 있을지가 중요합니다. 이런 순환과정이 저희가 투자자로서 주의 깊게 살펴보는 것입니다. 저희가 알고 싶은 것은 큰 문제를 해결하는 능력입니다. 가까운 미래에 나타날 수 있는 문제를 해결해 나가고 있는가? 사람들은 새로운 기술을 두려워하고, 설명되지 않고 정확한 기능을 이해할 수 없는 새로운 도구가 등장하는 것을 걱정합니다. 그래서 데이터를 어떻게 축적하고 있는지가 중요합니다.

5-2
AI 공룡

이번에는 AI 분야를 이끄는 세계적인 대기업들의 전략에는 어떤 차이가 있는지 살펴보자. 어패니언이 발행한 2019년 AI 3.0 상업화 백서에는 현재 AI 분야의 세계적인 리더로 IBM, 아마존, 구글, 마이크로소프트, 세일즈포스, SAP 등을 꼽고 있으며 이 중에서 구글, 마이크로소프트, 아마존이 3강을 형성하고 있다고 밝혔다.

IBM은 퍼스트 무버로 움직였지만 지금은 리더 포지션에 이르지 못한 것으로 보고 있고, 동시에 세일즈포스와 SAP는 열심히 따라가고 있는 양상이다.

하지만 이 백서에는 현재 전 세계 AI 생태계를 주도하는 페이스북과 엔비디아가 빠져 있고, 애플이나 삼성전자 등도 모바일 디바이스의 보급을 앞세워 매우 중요한 역할을 하고 있다는 사실, 그리고 최근 비약적으로 발전하고 있는 중국 기업들에 대한 언급이 없어, 이에 대한 보강이 필요하다. 그러나 3강으로 꼽힌 구글, 마이크로소프트, 아마존이라는 IT 공룡의 영향력에 대해서는 기본적으로는 이견이 없음으로 이들의 전략적 차이는 충분히 음미해볼 만하다.

구글은 특허나 기술 부문에서의 리더십을 바탕으로 강력한 경쟁력을 보여주고 있다. 특히 파이토치와 함께 AI 양대 개발 프레임워크 자리를 차지하고 있는 텐서플로의 지배력이 막강하다. 여기에 더해 AI 스타트업들에 대한 적극적인 투자로 모자란 부분을 메우는 전략을 펼치고 있다.

최근에는 약점으로 지적되었던 클라우드 시장 경쟁력을 코랩이라는 AI 클라우드 서비스를 과감하게 보급하면서, AI 관련 클라우드에서만큼은 구글이 앞서간다는 이미지를 보여주기 위해 노력하고 있다. 이런 노력 덕분에 구글은 성장성과 기대라는 두 가지 방향에서 모두 가장 앞서 있는 회사로 인정받고 있다.

마이크로소프트도 AI의 상업화가 진행되면서 급부상하는 양상이다. 클라우드 비즈니스인 애저가 호조를 보이고 있으며, 구글처럼 미래지향적인 AI 투자에 적극적이어서 구글 못지않게 많은 스타트업을 인수하고 있다.

구글과 다른 부분이 있다면 거의 모든 투자와 전략이 애저 클라우드와 연계된 것이 많고, 현재 클라우드 기술들이 애저와 어떻게 매끄럽게 연결되어 제공될 수 있는지를 고려해서 M&A 투자를 하고 있다는 것이다.

무엇보다 엔드유저나 기존의 마이크로소프트 오피스 365를 비롯한 업무용 제품을 쓰고 있는 기업들이 쉽게 AI 기술을 활용할 수 있도록 서비스를 제공하는 데 집중하고 있으며, 특유의 사용자 친화적인 UX나 인공지능과의 상호작용 등과 관련된 기술에 있어서 강점을 가지고 있다. 여기에 더해 최근 적극적으로 GPT-3를 포함한 OpenAI 등의 연구 투자 결과물들을 적극적으로 활용하면서 경쟁력을 높여가고 있다.

아마존은 기술적으로는 여타 인터넷 공룡들에 비해 가장 뒤처져 있다고 평가하는 사람들이 많은데, 시장에서는 오히려 가장 선전하고 있는 것 아니냐는 이야기가 많다. 일등공신은 AI 스피커 에코이다.

AI 스피커 분야에서 최초로 소비자 AI 전용 제품 카테고리에 등장하면서 에코는 이 분야에서 수년째 시장점유율 1위를 지키고 있다. 특히 에코에 탑재된 AI 스피커 챗봇·음성비서 플랫폼 알렉사가 다양한 제3자 기업이 제공하는 수많은 스킬과 함께 생태계를 크게 확장하고 있는 것이 가장 큰 경쟁력이어서, 여기에 집중적으로 투자하고 있다. 최근의 M&A 양상을 분석해봐도 음성, 가상비서, 자연어처리 분야에 집중하고 있는 것이 눈에 띈다.

또 한 가지 강점은 클라우드 서비스인 아마존 웹서비스의 시장 지배력을 활용한 전략이다. AWS는 현재 시장점유율 1위를 유지하고 있는데 여기에 손쉽게 AI를 접목할 수 있게 한다면 기술력이 다소 떨어진다는 약점을 커버할 수 있다. 특히 2017년에 발표한 클라우드 머신러닝 플랫폼인 세이지메이커에 대한 마케팅과 지원에 집중하면서, 최근에는 임베디드 시스템이나 엣지 기기에도 AI 모델을 배포할 수 있도록 하여 클라우드 시장에서의 우위를 지키는 데 총력을 기울이고 있다.

대기업과 스타트업의 조화: 촌 탕 투자자

정지훈 : 대기업과 중소기업, 스타트업이 어떻게 조화를 이루며 일할 수 있을까요? 버클리 스카이덱 같은 경우에도 스타트업과 구글이나 페이스북 같은 대기업을 연결하는 계획이 있을 것 같은데요. 대기업이 스타트업으로부터 기대할 수 있는 것은 무엇일까요?

촌 탕 : 역사적으로 큰 혁신은 대학교 캠퍼스에서 나왔지만 기업이 그 혁신을 채택한 방식은 IP를 통해서였습니다. 기업은 교수나 박사 학위 학생들을 고용했고, 그들에게 연구실에서 이룬 바를 상업화 해왔습니다. 지난 10년 동안 저희가 실리콘밸리에서 경험한 것

은 많은 기업이 연구원들에게 자신의 회사를 만들도록 격려하고 있다는 것입니다. 자신이 개발한 기술을 상업화하게 하고 투자할 수 있도록 돕습니다. 벤처기업의 창업자가 되어서 얻을 수 있는 좋은 점을 제공하고, 어느 정도의 크기가 되어 고객이 기술을 살 수 있는 정도가 되면 그들은 M&A를 통해 그 회사를 얻을 수 있습니다. 이 모델은 구글, 페이스북, 인텔과 같은 많은 기업이 채택할 수 있습니다. 이뿐 아니라 실리콘밸리 전체를 살펴보면 액셀러레이터와 혁신 팀을 꾸리는 기업을 흔히 볼 수 있습니다. 그렇기 때문에 내부적으로 R&D 역량을 키우면서 동시에 기업을 얻을 수 있는 기회를 제공할 수 있어서, 스타트업에 자금을 제공하고 투자하는 것이 더 좋은 전략이라 생각합니다.

미국과 중국이 벌이고 있는 AI 슈퍼파워 간의 경쟁도 볼 만하다. 이와 관련해서 중국에서 유명한 AI 기업을 창업한 리카이푸의 저서 《AI 슈퍼파워》는 충분히 음미할 만하다.

다소 중국 편향적인 이야기가 많아 조심해서 해석하고 읽어야 하겠지만 꽤 많은 인사이트를 얻을 수 있다. 흔히 연구 부문에서는 미국이 앞서가고 있다고 말하지만, 비즈니스 상황은 이와 다르다는 평가가 있다. 특히 데이터 부문에서는 중국에 유리한 점이 많다는 것에 주목할 필요가 있다. 가장 인상적인 문구를 살펴보자.

"인공지능이 경제의 더 넓은 구석까지 스며들 시대에는 탄탄한 엔지니어 군단의 '양'이 엘리트 연구자의 '질'보다 더 높은 보상을 거둘 것이다. AI 실행의 시대에 진정한 경제적 힘은 연구의 경계선을 넘나드는 소수의 엘리트 과학자에게서 나오는 것이 아니다. 기업가들과 협력해 게임을 바꿀 만한 기업을 만들 수 있는 숙련된 AI 엔지니어 군단이 진짜 힘의 원천이다."

너무 연구 쪽으로만 치우치는 것은 문제라는 말이다. 이 부분에서 중국 기업들의 비교우위가 두드러진다. 특히 다양한 경제 행위, 사회에서의 활용에 있어서 중국의 AI 플랫폼 또는 메신저 플랫폼이 통합되어 있고, 여기에서 나오는 양질의 데이터가 매우 많을 수밖에 없다. 그 때문에 이런 데이터에 기반을 둔 학습과 활용 서비스가 지속적으로 나온다면, 중국이 AI 부분에서 높은 비교우위를 점할 수 있는 것이 아니냐는 전망이 늘고 있다.

비록 개인정보보호나 개인의 사생활 침해 및 감시 사회 등에 관한 우려가 있어서 조심해서 접근할 필요는 있지만, 미국과 중국의 차이점을 잘 이해하고 한국에 맞는 틈새 전략을 찾아야 한다. 중국처럼 데이터가 많은 것도 아니고, 그렇다고 미국처럼 압도적인 연구와 자본의 힘으로 밀고 나갈 수도 없는 것이 우리의 현실이다.

그렇지만 길은 충분히 있다. AI가 사실상 인터넷처럼 거의 모든 영역에 접목되고 있다는 상황을 고려하면, 한국과 우리 기업들이 잘할 수 있는 버티컬 분야를 잘 발굴하고 해당 분야에서 최고의 경쟁력을 보여준다면 얼마든지 세계시장에서 경쟁할 수 있을 것이다.

한국 AI 기술과 미래: 이찬우 전문가

정지훈 : 한국의 AI에 대해 걱정하는 분들이 많아요. 아무래도 미국과 중국이 슈퍼파워를 겨루고 있고, 캐나다도 잘한다는 말이 많이 들립니다. 그래서 우리가 뒤처지고 있는 게 아니냐고 걱정하는 분들이 적지 않은데, 어떻게 생각하십니까?

이찬우 : 저는 개인적으로 한국의 AI 기술 수준이 그리 뒤처져 있다고 생각하지 않습니다. 기술이 뒤처졌다고 하면 10년이나 20년 뒤처졌다고 생각하기 쉽지만 2012년 얀 르쿤 교수님이 CNN을 발표하고, 제프리 힌튼 교수님의 수퍼비전팀의 이미지넷 관련 연구가 나오고 나서 얼마 지나지 않아 제가 딥러닝을 접했거든요. 그렇게 보면 2~3년 정도 늦게 대중화된 감은 있지만 그렇게 많이 늦었다고 생각하지 않습니다.

정지훈 : 아주 많이 뒤처진 건 아니라는 거죠.

이찬우 : 네, 그렇죠. 제가 딥러닝 강의할 때가 2016년 정도였으니까 아주 많이 뒤처졌다고 보기는 어렵죠. 미국을 비롯한 선진국은 IT 기업들이 주류를 이루다 보니 인프라가 있잖아요.

정지훈 : 구글, 페이스북이 있고 중국에는 텐센트, 바이두 같은 회사들이 있으니까요.

이찬우 : 중국의 경우에는 엄청난 투자로 급성장을 보이고 있다는 게 더 맞겠죠. 한국은 자금 여력이 충분하지 않아서 그렇게 접근하는 방법은 현실성이 없습니다. 하지만 미국의 경우에는 오래전부터 IT 기업이 선점하고 있어서 인프라가 잘 되어 있죠. 이에 시너지를 받아 조금 더 빠르게 발전하는 것으로 느껴질 뿐 연구하는 사람들의 수준으로 보았을 때 한국이 결코 많이 뒤처져 있다고 생각하지 않습니다. 그리고 제가 강의할 때의 경험에 비춰보면 뛰어난 분들이 상당히 많습니다. 관련된 강의가 없거나 몰라서 공부하지 못

했을 뿐이지, 자료가 나오기 시작하면서 학습 속도가 어마어마하게 빨라졌습니다. 이런 분들이 더 많아지면 좋겠어요. 그게 논문발표 수와 상관없이 국가경쟁력이 되는 것이죠.

정지훈 : 가지고 노는 사람이 많아야 한다는 거죠.

이찬우 : 구글에서는 AI 엔지니어만 3만 명을 뽑아 놓고도 아직 더 필요하다고 합니다. 한국에서는 몇천 명이면 많다고 하잖아요. 더 많이 늘어나면 좋겠고, 많은 사람이 교양으로라도 AI를 접하다 보면 더 성장하고 빠른 속도로 발전하지 않을까 기대합니다. 실제로 여러 기업이 노력하고 있고요.

정지훈 : 사실 한국이 디스카운트된 점이 없지 않죠. SK에서 발표했던, 생성형 AI 기술의 일종인 디스코간(DiscoGAN)의 경우, 같은 생성형 AI 기술인 버클리의 사이클간(CycleGAN)과 방식과 성능이 거의 비슷했거든요. 당시로써는 대단한 성과였죠. 그리고 같은 학회에서 발표되었죠. 그런데 버클리의 사이클간은 지금도 계속 인용되면서 '사이클간이 얼마나 대단한 기술인 줄 알아?' 이런 이야기가 나오지만 디스코간에 관해서는 잘 언급되지 않습니다. 그걸 볼 때마다 차별이 좀 심하구나, 미국에서 했다고 더 많이 인용하는 걸 보면 우리가 디스카운트 되는 부분이 있다는 것이죠. 그렇다고 우리가 실제로 그렇게까지 떨어지는 것은 아니죠.

이찬우 : 씁쓸하더라고요. 우리도 잘하는데.

정지훈 : 그러면 이제 미국이나 중국이나 캐나다 같은 AI 강국들과 비슷하다 할 수는 없지만 한국 AI 수준도 그렇게 낮은 건 아니다. 상용화에 들어가면 또 다른 게임이 될 것이다, 그 게임에서는 언제든지 새로운 제품과 서비스로 승부해야 하는 것이니 용기를 갖고 열심히 하면 되겠네요.

이찬우 : 네, 저는 그렇게 생각합니다. 가능성이 충분하다고 생각합니다.

5-3

AI 하드웨어

기술 트렌드를 전체적으로 보는 데는 가트너의 10대 기술을 연도별로 따라가는 것이 큰 도움이 된다. 그림 5-4는 2017년~2019년 가트너의 상위 10위 기술에서 지능 분야에 분류된 것들을 보여준다.

지능이라는 키워드로 AI와 관련한 다양한 기술 목록을 언급하고 있는데, 이 중에서도 지능형 사물(Intelligent Things)와 자율 사물(Autonomous Things) 등 AI 하드웨어에 대한 언급은 계속되고

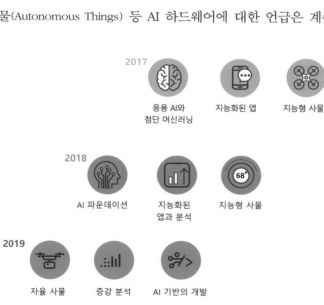

그림 5-4 2017~2019 가트너 탑 10 기술 중 AI와 연관이 있는 기술들

있다.

2020년의 가트너 10대 기술(그림 5-5)은 어떨까? 전반적으로 AI
와 관련한 기술 목록이 훨씬 늘었다. AI를 명시적으로 이야기하
는 것으로는 자율 사물과 AI 보안 정도이지만 자동화와 인간에
대한 증강, 엣지 컴퓨팅 등은 모두 새로운 하드웨어와 AI의 결합
을 염두에 둔 기술이다.

이런 추세를 종합적으로 고려하면, 많은 사람이 앞으로 수년간
AI 분야에서 산업적으로 가장 중요한 트렌드로 AI를 지원하는 칩
셋 전쟁을 꼽는다. 그리고 칩셋을 이용한 AI 하드웨어의 주도권
싸움이 어떻게 되는지에 따라 앞으로 10년 이상의 산업 지형이
바뀔 것으로 보는 전문가들이 많다.

윈도가 등장하면서 인텔이 크게 성공하고 윈텔(Windows + Intel)
진영이 세계를 휩쓴 것이 1990년대 후반으로, 윈도와 인텔과 결

초자동화   강화된 엣지   인간에 대한 증강

다중경험   자율 사물   AI 보안

그림 5-5 2020년 가트너 탑 10 기술 목록 중 AI와 연관된 기술들

합해서 전 세계를 먹어 치웠다.

2007년 아이폰의 발표와 안드로이드의 등장으로 모바일 운영 체제를 가장 잘 지원하는 ARM 기반의 칩셋을 만든 퀄컴과 애플, 삼성전자 등이 약진하면서, 퀄컴이 인텔의 시가총액에서 능가하는 사건이 일어나기도 했다. 지난 10년간 이런 변화를 겪었지만 앞으로의 10년은 인공지능 기반의 칩을 잘 만들고, 이 전쟁에서 승리한 소수 기업이 성공 가도를 달릴 것이다.

이에 따라 인공지능 칩셋, 하드웨어 전쟁이 격화되고 있다. 이미 PC 시장에서도 인텔의 아성을 넘어서서 엔비디아와 AMD 등 GPU 기반 기술을 가지고 있는 기업들이 크게 약진하고 있으며, AR·VR 등의 메타버스 관련 기술도 중요해지면서 변화는 더욱 가속할 것이다.

ARK 인베스트먼트가 현재 인공지능 딥러닝 칩을 개발하는 곳들을 비교 분석한 자료(그림 5-6)를 발표했다. 이 자료에 따르면 인텔, AMD, 퀄컴 같은 전통적인 칩 제조 기업은 물론 구글과 같은 인터넷 기업이 텐서플로를 가장 최적화해서 구동할 수 있는 TPU(TensorFlow Processing Unit)를 발표하면서 엔비디아가 독주하던 시장에 도전장을 내밀었다.

또한 일반인에게는 알려지지 않은 많은 스타트업들이 미국, 영국, 중국, 캐나다 등에서 이 시장에 진입하기 위해 노력하고 있다.

Companies Developing Deep Learning Chips			
Company	Ownership	HQ	Story
NVIDIA	Public	United States	Current market leader using GPU based deep learning
Google	Public	United States	Custom designed TPU deployed in Google Cloud
Intel	Public	United States	Nervana based chip to be released late 2017
AMD	Public	United States	GPU based deep learning
Qualcomm	Public	United States	Developing DL silicon for mobile
Cerebras	Private	United States	Ex-AMD team backed by Benchmark Capital
Groq	Private	United States	Ex-Google TPU team backed by Social Capital
KnuEdge	Private	United States	Headed by former NASA CTO
Mythic	Private	United States	In-memory inference for IoT backed by DFJ
Thinci	Private	United States	Computer vision / auto focus
Wave Computing	Private	United States	DL server with custom chip. In customer trials
GraphCore	Private	United Kingdom	UK startup backed by top AI researchers
Bitmain	Private	China	Top maker of Bitcoin mining chips
Cambricon	Private	China	China's state-backed startup with a $1B valuation
Horizon Robotics	Private	China	Ex-Baidu team. Embedded / computer vision focus
Tenstorrent	Private	Canada	Toronto based chip startup

그림 5-6 딥러닝 관련 칩들을 개발하고 있는 기업들 (출처: ARK Investement)

그림 5-6에는 누락된 곳도 많은데 삼성전자와 SK하이닉스 등 이 그렇다. AI, 딥러닝과 관련한 반도체는 메모리 기술이 중요하기 때문에 메모리 반도체 기술에서 세계 최고의 경쟁력을 가진 한국의 두 대기업도 충분한 가능성이 있다. 하지만 이 표에서는 언급되지 않았고 퓨리오사, 리벨리온 등 경쟁력 있는 새로운 AI 하드웨어와 반도체 스타트업들도 빠졌다.

확실한 것은 향후 수년간 AI 하드웨어와 반도체에 대한 경쟁이 전체 AI 비즈니스 분야 중에서 가장 치열할 것이라는 점이다. 경쟁에서 살아남는다면 과거 인텔이나 퀄컴과 같이 어마어마한 성장과 이익을 낼 수 있을 것이다.

인공지능 칩을 분류해보면, 가장 일반적인 컴퓨팅 작업을 처리하고 유연성이 높은 것은 범용으로 사용 가능한 과거 방식의 CPU들이다.

그렇지만 이들은 딥러닝에서 성능이 떨어지기 때문에 병렬로 효과적인 행렬연산을 하면서 동시에 그래픽 작업도 잘할 수 있는 GPU에 시장을 내주기 시작했고, GPU가 AI 하드웨어의 주류를 차지했다. 그동안 이 시장에서는 엔비디아가 독점적인 시장 우위를 지켜왔다.

GPU보다 조금 더 딥러닝 계산에 최적화된 칩을 DPU(Data Processing Units, 자료처리장치)라고 한다. 비교적 다양하게 연산할 수 있도록 하는 FPGA(Field-Programmable Gate Array, 간단한 프로그래밍이 가능해서 약간의 범용성을 갖춘 반도체)로 접근하는 기업들과 조금은 더 전용 하드웨어로 제작하는 TPU와 같은 DPU를 만드는 구글 같은 기업들이 이 시장에 진입하고 있다.

기존 기업들은 이런 변화를 수용하고 있어, 엔비디아 역시 범용 GPU가 아닌 데이터 특화형 또는 AI에 특화된 제품 라인업을 속속 선보이고 있다.

마지막으로는 특수한 목적의 딥러닝 칩, 주문형으로 만드는 ASIC(Application-Specific Integrated Circuit, 특정 분야 응용에 특화된 집적회로 반도체)까지 다양한 스펙트럼의 칩들도 많이 등장하고 있다. 시장의 변화도 매우 극적인 편이다.

딜로이트에서 발표한 자료(그림 5-7)에 따르면, 2016년까지만

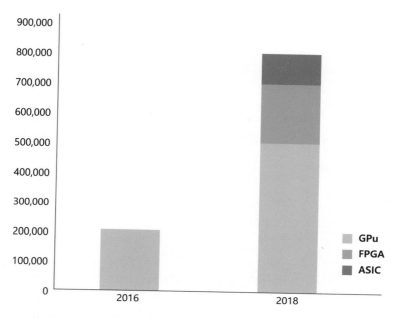

그림 5-7 2016년 글로벌 데이터 센터 연간 최소 머신러닝 칩 판매량 (출처: 딜로이트)

해도 엔비디아가 주도하는 GPU 하드웨어가 사실상 시장을 독점
하다시피 하고 있었는데 2018년이 되면서 GPU 시장도 급성장했
지만 동시에 FPGA, ASIC 등의 하드웨어도 시장에서 빠르게 성
장하고 있음을 알 수 있다.

전체 시장 규모는 2년 사이에 4배로 성장했고, 앞으로도 더 빠
른 속도로 커질 것으로 전망된다. 이 시장을 잡는 플레이어가 또
다른 인텔 또는 퀄컴이 될 것이라는 전망이 끊임없이 나오는 이
유이다.

5-4

AI 시장

AI 비즈니스 분야에서 인공지능 하드웨어, 반도체와 함께 가장 뜨거운 전쟁터가 되고 있는 곳이 챗봇과 AI 스피커 시장이다. 챗봇이 AI 비즈니스에 매우 중요한 역할을 할 것이라는 사실은 인터넷이나 IT의 역사를 아는 사람이라면 누구나 직감하고 있다.

인터넷의 발전 역사를 살펴보면, 초기에는 웹브라우저와 웹서버 소프트웨어가 포문을 열어 시장을 주도했고, 그다음으로 이들 소프트웨어 보급이 확대되자 포탈과 검색 서비스를 제공하는 기업으로 주도권이 넘어갔다. 그러다가 모바일시대가 열렸다. 모바일시대에서는 스마트폰을 이용하는데, 스마트폰은 기본적으로 소통하는 기계이기 때문에 메신저 플랫폼이 모든 것의 중심이 되었다. 한국의 카카오, 일본의 라인, 중국의 위챗이 전체 모바일 비즈니스의 주도권을 쥐었다고 해도 과언이 아니다. 그렇다면 그다음 인공지능 시대의 주인공은 누가 될까?

이는 사람들의 행태를 보면 어느 정도 짐작할 수 있다. 웹과 메신저, 이메일, 모바일 앱을 비롯해 전반적인 소프트웨어를 제어하고 활용할 때 여러 가지를 따로따로 배우기보다는 적은 수의 인터페이스로 일관되고 통일적으로 쓰고 싶어 하는 것이 인지상정이다. 인간은 그렇게 복잡하고 많은 것을 쓰고 관리하기를 좋아하지 않는다.

그렇다면 무엇으로 여러 가지 서비스나 제품을 활용하고자 할까? 대부분의 사람은 음성이나 챗봇을 사용할 가능성 크다고 말한다. 여기에 AI 기술이 접목되고, 기술 편의성과 익숙함이 많이 향상되면 과거의 포탈이나 검색, 메신저 등의 포지션을 차지하게 될 것으로 전망된다.

이렇게 하기 위해서는 자연어처리와 자연어 생성 기술도 중요해진다. 그리고 여기에 다양한 비즈니스 로직을 처리할 수 있는 클라우드 서비스까지 연계한다면 과연 어떻게 될까?

이때 챗봇·음성 플랫폼이 모든 것의 문지기 역할을 할 수 있다. 인터넷과 웹 시대에는 검색이 문지기 역할을 하고, 모바일시대에는 메신저 플랫폼이 그 역할을 했다.

지금은 AI가 중심이 되는 시대이다. 개인이 활용해야 하는 데이터와 디바이스의 종류가 많은 지금 시대에는 챗봇이나 음성 에이전트가 문지기 역할을 할 가능성이 크다. 결국 이들이 정보를 찾고, 고객을 응대하고, 교육하고, 여러 기기를 컨트롤도 하고, 워크플로우를 관리한다면 이 문지기를 장악하는 것이 미래 가장 중요한 비즈니스 주도권을 가질 것이다. 수많은 기업이 이 시장을 놓고 경쟁하는 이유이다.

챗봇·음성 비서 시장의 경쟁 양상을 살펴보자. 먼저 가장 기본적인 기술을 제공하는 기술 플랫폼 기업, 즉 챗봇 에이전트를 제공하는 기업이 가장 먼저 움직이고 있다. 애플의 시리, 삼성전자의 빅스비, 구글의 구글나우, 아마존 에코의 알렉사 등이 대표적이다. 이들은 기기의 보급과 함께 서비스가 제공되고 있어 가장 먼저 시장을 선점한 것처럼 보인다. 그런 측면에서 이들을 선두 주자라고 할 수 있다.

유통 채널의 강점을 가지고 시장을 선도하려는 기업도 있다. 특히 모바일 메신저 플랫폼을 가지고 있는 기업이 매우 적극적인데 라인, 카카오, 위챗 등이 대표적이다. 이들은 사용자 기반이 넓고, 메신저 플랫폼에 바로 챗봇을 투입하는 것이 자연스러워 만만치 않은 영향력을 가지고 있다.

카카오나 라인은 AI 스피커를 출시하면서 시장 확대를 위해 노력하고 있다. AI 스피커에 있어서는 이동통신사에게도 어느 정도 기회가 있다. 한국의 경우에 이동통신사들이 막강한 유통 시스템을 활용해서 공격적으로 AI 스피커를 공급하면서, 다른 국가와는 달리 AI 스피커 시장에서 강력한 교두보를 만들고 있다.

그다음으로는 자신의 분야에 맞는 버티컬 도메인 챗봇을 추구하는 기업이 있다. 여기에 투자하는 기업에는 해당 산업에서 비교우위를 가지고 있는 전통적인 회사가 많다. 그러나 이들은 원천기술이 없기 때문에 기술 관련 기업들과 짝을 이루는 경우가 많다. 앞서 언급한 거대 기업의 플랫폼을 활용하는 경우도 있지만 버티컬 도메인 기업에 솔루션을 제공하면서 고속으로 성장하는 B2B 챗봇 또는 AI 비서 플랫폼 기업 중에서도 앞으로 크게 성장하는 기업들이 나올 것이다. 현재로서는 이들 중에서 어느 곳이 가장 큰 영향력을 가진 플랫폼이 될지 알 수 없지만, 앞으로 몇 년 내에는 승부가 날 가능성이 크다. 이 시장을 놓치지 않기 위해 모두가 전력투구하고 있기 때문이다.

음성비서 관련 서비스의 에코시스템은 약간 다른 양상을 보인다. 최근 들어 지불, 결제와 은행 등 고객 지원 서비스 분야에서 빠르게 보급되고 있는데, 이들 서비스를 적용한 기업들에 따르면 고객 반응이 매우 좋다고 한다. 이렇게 많은 사람이 익숙해지면 다른 산업으로 쉽게 확대될 것으로 보인다. 특히 고객지원 분야를 중심으로 지속적인 시장 확대가 예상된다.

AI 스피커 상황을 보자. 초기 시장은 확실히 아마존의 에코가 장악했다. 2016년 말까지 보면 거의 전부라고 해도 좋을 정도로 압도적인 점유율을 보였고, 이후 구글과 중국의 거대 기업들이 가세하면서 플레이어가 많아지고 있는 양상이다.

특히 2018년 이후 구글의 약진이 크게 눈에 띈다. 이렇게 아마존과 구글이 양강 구도를 형성하고 있고 그 뒤로 알리바바, 바이두, 샤오미 등 중국 기업들이 크게 확대하고 있는 양상이다. 이제부터는 실질적인 서비스와의 연결성이 중요해지기 때문에, 향후에는 로컬 서비스 생태계를 확대하고 잘 운영하는 곳이 시장점유율을 높여갈 가능성이 크다.

한 가지 중요하게 살펴볼 부분은 'AI 스피커로 무엇을 할 것인가'이다. 그동안에는 타이머를 맞추고, 음악을 플레이하고, 뉴스를 읽고, 알람을 설정하고, 전등과 같은 사물인터넷 기기를 조종하고, 쇼핑에 도움을 주는 등의 일반적인 사용 형태를 보인다. 하지만 최근에는 보이스 앱 형태로 구매할 수 있는 것들이 점점 많이 등장하면서 앱스토어처럼 다양한 생태계가 만들어지고 있다. AI 스피커로 인지기능을 높여주는 전용 앱을 통해 초기 인지장애에 도움을 주는 시도도 있으며 명상과 같이 건강이나 치료 목적의 시도도 늘어나고 있다.

초기 시장에서의 사용 형태가 앞으로 계속된다는 보장은 없다. 과거 모바일 시장에서 앱스토어가 처음 등장한 이후의 변화해온 양상을 보면, 과거에 많이 사용했던 앱과 현재의 것에는 큰 차이가 있다. 시장에 적극적으로 대응하면서 고객을 만족시키는 노력을 꾸준히 하는 것이 중요하다.

버클리의 한국 스타트업, 스카이덱: 최우용 대표

최우용 : 오르비스(현재는 LOVO) 대표 최우용입니다. 저희는 음성 생성 플랫폼을 만들

고 있습니다. 광고, 오디오북, 게임 등 음성이 필요한 곳에 더 좋은 콘텐츠를 더 빠르고 더 저렴하고 더 높은 퀄리티로 만들 수 있게 돕습니다.

정지훈 : 제가 디렉터분들과 문자메시지를 주고받았는데 AI 테크놀로지 자체가 아니라 제품을 어떻게 만드느냐에 초점을 맞춘다고 하더군요.

최우용 : 네, 맞습니다.

정지훈 : 음성 합성 기술로 어떤 제품을 만드는지 궁금한데요.

최우용 : 지금은 광고시장에 집중하고 있습니다. 오디오 광고가 폭발적으로 성장하고 있는데요. 오디오 콘텐츠 소비량이 늘면서 광고도 많이 늘었습니다. 오디오 광고의 경우 제작비와 많이 들고 시간 투자도 제법 해야 한다고 하는데요. 예를 들면, 음악 스트리밍 앱에 광고를 넣을 때 보통 수천 달러가 든다고 합니다. 소상공인에게는 너무 비쌉니다. 저희 솔루션을 사용하면 여러 가지 버전의 오디오 광고를 만들어서 다양한 유형의 사용자에게 제공할 수 있습니다.

정지훈 : 회사를 미국으로 옮겨서 좋은 점이 있다면?

최우용 : 저희가 한국에 있을 때는 기술에 집중해서 그 누구보다 기술을 더 잘하고 싶다고 생각했는데요. 여기 와서는 그 신념이 깨져버렸어요. 기술보다는 제품·시장 맞춤(Product Market Fit. 시장에서 필요로 하는 제품을 만들고 이를 증명하는 과정)이 중요하다는 사실을 알게 되었고, 특히 우리가 속해 있는 시장을 구체적으로 파악하는 것이 가장 중요하다는 것을 깨달았습니다. 그래서 한 달 동안 시장조사를 열심히 하고 치열하게 고민하면서 고객들과 계속 대화를 나누었지요. 스카이 덱이 그 부분에서 많은 도움을 주었죠.

정지훈 : 스타트업과 대기업에는 어떤 차이가 있나요?

최우용 : 저는 대기업이나 스타트업이나 AI 기술은 비슷비슷하지만 대기업이 할 수 있는
일과 스타트업이 할 수 있는 일은 전혀 다르다고 생각합니다. 스타트업은 작은 시장이지
만 가능성을 믿고 그 시장을 더 크게 만들거나 시장을 새롭게 만들어 내는 역할을 한다
고 봅니다. 반면에 대기업은 플랫폼이나 여러 가지 생태계를 더 크게 만들어 저희와 같
은 스타트업과 협력하면서 함께 성장하는 것이 바람직하다고 생각합니다.

5-5
AI 비즈니스로 가는 길

그렇다면 AI를 비즈니스에 접목할 때 무엇을 염두에 두고 설계해야 할까? 먼저 만들고자 하는 제품의 범위를 결정하는 것이 중요하다. 보통 이를 ODD(Operational Design Domain, 운영 디자인 범위)라고 하는데 어떤 환경과 지리, 어떤 시간에 할 수 있는지와 같은 제약 사항을 정의하는 것이다. 그러고 나서 만들고자 하는 성능과 신뢰성을 규정한다. 이때 비즈니스를 고려한다면 최상의 성능지표가 아니라 보장 가능한 수준을 제시하는 것이 중요하다.

예를 들면, 자율주행 자동차를 만든다고 할 때 '이 자동차는 특정한 도시 지역 또는 노선, 고속도로에서만 다닐 수 있다'와 같

은 명확한 한계를 설정하고 언급해야 한다. 또 딥러닝이나 AI 모델을 지원 시스템으로 간주하고 비즈니스를 해야 하는 경우도 많다. 특히 의사결정을 하는 데 도움을 주는 솔루션 대부분이나 서비스들이 그런 특징을 갖는다.

대표적인 것이 영상의학과에서 딥러닝 모델을 이용해 컴퓨터 보조 진단을 하는 경우, 고객센터에서 AI가 서비스할 때 자동화된 메시지와 잘 정리된 이메일 답변을 하는 경우, AI가 상담을 더 잘할 수 있도록 도와주는 경우를 들 수 있다. 이런 종류의 제품들은 고객을 잘 이해하고 인간과 AI의 상호작용, 인간의 개입을 언제 어떻게 정의해서 처리할지 결정하는 것이 중요하다. 또한 목표로 하는 환경을 최대한 자세하게 이해하는 것도 필요하다. 그렇다면 실제 비즈니스 영역에 들어갈 때 고려해야 할 것들을 알아보자.

먼저 비즈니스의 전체적인 맥락을 이해해야 한다. 목표 환경과 관련해 결과에 영향을 미칠 모든 가능성을 나열해봐야 한다. 예를 들어 앞서 언급한 자율주행 자동차의 경우라면, 주행할 도시와 도시의 지리적 특징, 날씨, 신호 체계, 노선 등과 같은 다양한 요소가 고려되어야 한다. 의학 영상처리와 관련한 AI라면 처리할 이미지의 질뿐 아니라 AI의 용도가 조기 진단인지 확정 진단인지에 따라 제품의 목표와 수준이 달라진다. 해결해야 할 문제의 종류에 따라 적용 기술도 달라진다는 말이다.

두 번째는 변화 가능성이 있는 동적 요소를 확인하는 것이다. 예를 들면, 날씨나 도로 사정 같은 것들이다. 비가 오는 날이 있을 수 있으며, 갑작스러운 도로 보수 공사가 있을 수도 있다. 이런 가능성을 충분히 생각해야 한다. 의료 영상 관련 AI의 경우라면 사용하는 기기가 교체되면 이미지가 달라질 수 있고, 해상도 또한 예전에는 1024×768을 사용했지만 이제는 4K를 지원하는 등의 변화를 예상할 수 있다. 다양한 종류의 변화를 제대로 보정할 수 있는 기능을 개발하거나 필요한 대비를 하지 않는다면, 실제 서비스를 할 때 큰 문제가 된다.

마지막으로 환경에 대한 영향을 고려해야 한다. AI만 잘하면 될 것 같지만 실제로는 AI의 어떤 행동이나 결정에 따라 사람이나 환경의 반응이 있기 마련이다. 자율주행 자동차가 주행하다가 사람들이 있는 곳을 간다고 했을 때, 사람이 자율주행 자동차를 보고 피할 수도 있지만 당연히 자율주행 자동차가 피할 것으로 예상하고 그냥 걸어가는 사람도 있을 수 있다. '사람과 어떤 관계가 형성되는가'가 중요한 이유다.

또한 자율주행 자동차가 일반 자동차들과 함께 운행되는 경우와 일반 자동차 없이 자율주행 자동차들만 운행하는 경우가 있을 수 있다. 각각의 경우 모두 자동차 간의 관계와 환경이 달라지므로 자율주행 자동차의 루틴도 바뀌어야 한다. 주변 환경과의 상호작용을 고려해서 비즈니스를 준비해야 한다는 사실을 잊어서는 안 된다.

연구 프로젝트가 상용화가 될 때 고려해야 점은 실제로 연구 환경에서 좋은 결과를 냈던 것을 제품으로 만들어 사용해 보면 정확도가 감소할 수 있다는 사실이다.

왜 그럴까? 아무리 학습이 잘된 모델도 결국에는 테스트한 세트보다 실제 환경에서 훨씬 다양하고 변화가 많은 새로운 데이터를 만나기 때문이다. 실제 서비스에 들어가면 심한 경우 정확도가 실험실보다 10% 이상 낮아지는 경우가 비일비재하다. 예를 들어 테스트 결과만 믿고서 '95% 이상 정확도를 보장합니다'라고 했는데 막상 제품이 85% 정도의 정확성만 보여준다면, 계약에 따른 법률적인 공방도 벌어질 수 있다.

학습 결과와 테스트 세트의 값을 과신할 게 아니라 실제 서비스에 들어가서도 꾸준히 모니터링하고, 실제 서비스를 통해 설정된 목표를 바탕으로 성능지표를 세밀히 조정하며, 그것에 맞춰 서비스 수준 협약을 제시해야 한다. 그래야 연구와 상용화 사이에서 생길 수 있는 차이를 극복할 수 있다.

이 밖에도 AI를 이용해 비즈니스를 하려 할 때 고려해야 하는 몇 가지 원칙을 보면 아래와 같다.

1. 학습할 때 중요하게 정의하는 손실 함수(loss function)를 비즈니스의 목적에 맞게 조정해야 한다. 여기서 손실 함수는 AI

에서 최적의 답을 찾아가는 과정에서 정답과의 격차를 계산하는 함수로, 이를 줄이는 방향으로 학습이 진행된다.

2. AI의 판단 잘못으로 인해 발생할 수 있는 비용은 시점과 방식에 따라 크게 다르다.

3. 가능하다면 최대한 AI 모델을 설명할 수 있게 만들어야 한다.

4. AI 모델의 크기가 커지면 일반적으로 더욱 정확하고, 신뢰도가 높아질 가능성이 크다. 하지만 비용 증가와 답을 내는 데 걸리는 시간도 그만큼 오래 걸린다.

5. AI 모델의 크기, 성능, 비용에 대한 타협점을 적절하게 고려해야 한다.

6. 학계와 달리 비즈니스 세계에서는 SOTA(State-of-the-art, 최신이자 최고의 성능)를 그다지 중요하게 보지 않는 경우가 많다.

7. 데이터를 획득하고 레이블을 붙이는 것은 모두 비용이다. 많은 데이터를 레이블 없이 얻는 것은 쉬울 수도 있겠지만, 좋은 데이터를 얻는 데는 항상 비용이 발생한다. 비용과 효용의 상관관계를 고려해서 비즈니스를 설계해야 한다.

8. 연구할 때는 드물게 나타나는 문제들이 비즈니스에 적용할 때는 더 자주 나타나거나 생각보다 큰 문제를 일으키는 경우가 있다. 이것을 고려해야 한다. 연구실에서는 아웃라이어 취급을 하며 제거하면 되지만 비즈니스에서는 이런 드문 샘플

들을 항상 신경 써야 한다.

9. 되도록 높은 수준의 좋은 설명이 붙은 데이터를 많이 확보해
야 한다.

마지막으로 명심해야 할 것을 하나 더 말하면, AI를 잘 활용하기 위해서는 AI를 잘 접목할 수 있는 기업환경 또는 AI가 주도할 수 있는 새로운 경영 지침을 고려해야 한다는 사실이다. 그렇다면 AI를 잘 활용할 수 있는 기업 환경을 만들기 위해서는 어떻게 해야 할까? 몇 가지 원칙을 제시한다.

첫째, 프로젝트 수준이 아니라 회사 수준에서 데이터 관리 전략을 세워야 한다. 데이터가 없으면 AI 비즈니스는 불가능하다. 흔히 데이터가 곧 연료이자 돈이라 말하지 않는가. 회사가 접근 가능한 데이터를 정의하고, 되도록 양질의 데이터로 가공하는 작업이 이루어져야 AI를 잘 활용하는 기업이 된다.

둘째, AI 경영에 적합한 인재를 뽑아야 한다. 데이터 과학자, AI 엔지니어, 소프트웨어 전문가 등이 모두 중요하다. 이들은 인력 시장에서 가장 희소한 자원이다. 인재를 확보하기 위해서는 회사가 매력적으로 보여야 한다. 그리고 인재들이 일할 수 있는 환경을 만들어야 한다. 예를 들어, AI는 오픈소스와 데이터를 공개하는 문화, 개인의 발전을 위한 활동 등이 중요한데 그런 것을 하지 못하는 기업은 인재를 확보하기 어렵다. 인재가 인재를 불러 모

을 수 있게 하고, 이들에게 매력적으로 보이는 회사가 되어야 한다. 이는 높은 연봉보다 훨씬 중요하다.

셋째, 기술을 포용하는 마인드셋을 갖춰야 한다. AI 분야는 기술 발전 속도가 빠르기 때문에 지속적으로 기술 발전에 대한 트렌드를 따라가고 실험하는 마인드셋이 없는 기업이라면 경쟁에서 뒤처진다.

넷째, 새로운 비즈니스 모델을 평가할 수 있는 프로세스를 갖추어야 한다. 기술이 우리의 파트너, 고객, 경쟁자에게 어떤 영향을 주는지, 새로운 시장 진입은 어떻게 하는지에 대해 전반적으로 검토하고, 과거와는 다른 방식의 매출구조를 만들어야 하는 경우에는 비즈니스 모델도 새롭게 점검해야 한다. 현재의 프로세스가 정답이 아닐 수 있음을 항상 염두에 두고, 경우에 따라서는 핵심 제품에만 집중하면서 나머지는 외부의 것을 쓰는 것도 적극적으로 검토해야 한다.

비즈니스 모델이라는 말 자체가 닷컴버블 시대에 나왔다고 말하는 사람들이 많다. 이전에는 물건을 잘 만드는 사람이 따로 있고, 물건을 잘 파는 사람이 따로 있어서 서로 자기 역할만 잘하면 되었다. 하지만 닷컴버블과 함께 모든 것이 인터넷으로 이전되면서 기존 방식으로 돈을 벌기 어렵게 되었다.

문제는 당시 인터넷 기업들도 수익 모델을 만들지 못했다는 점이다. 돈을 어떻게 벌어야 하고, 비즈니스를 어떻게 해야 하는지에 대한 모델을 고민하기 시작하면서 닷컴버블 시대에 인터넷과 관련한 다양한 비즈니스 모델이 제시되었다. 이때 등장한 비즈니스 모델이 인터넷 광고와 전자상거래 수수료다. AI 시대에도 과거 비즈니스 프로세스가 크게 변화될 수 있다. 따라서 비슷한 변화를 가정하고 비즈니스 모델을 점검해야 한다.

다섯째이자 가장 중요한 마지막 원칙은 바로 '당장 오늘 시작하라'는 것이다. AI가 거의 모든 비즈니스를 혁신시킬 가능성이 크고, 그 속도 역시 무척 빠를 것으로 예상된다. 작은 프로토타입부터 시작해서 프로젝트의 개념을 검증하고, 가능성 있는 것이라면 빠르게 탐험하며, 투자할 수 있는 스타트업과 같은 마인드로 AI를 준비해야 경쟁에서 뒤처지지 않을 것이다. 옛날식으로 신중하게만 하다 보면, 이미 다른 곳에서 만들어 저만치 앞서가는 상황이 발생할 가능성이 크다.

스타트업과 같은 마인드로 새로운 AI 비즈니스 시대를 준비할 때, AI에 충분히 준비된 회사가 될 수 있음을 명심하자.

6장

AI 기술 트렌드

6-1
최신 키워드

가장 일반적이고 기초적으로 사용되는 딥러닝 기술 이외에 어떤 AI 기술이 부상하고 있을까? 최근 가장 쟁점이 되고 있는 것은 무엇일까? 먼저 딥러닝이 혁명적인 변화를 가져온 이후, 가장 흔하면서도 중요하게 나오는 질문 몇 가지를 생각해보자.

첫 번째 질문은 AI가 의미 있는 소리, 영상, 글을 만들거나 쓸 수 있는지 그리고 분석, 분류, 인식 이외에 뭔가 창의적인 것을 생성할 수 있는지에 관한 것이다.

두 번째는 이미지를 검출하고, 인식하며, 분류하는 등의 작업에는 AI가 최고의 성능을 발휘한다고 알려 있지만 자연어처리와 같은 분야에서는 아직 갈 길이 멀지 않은가에 대한 질문이다. 자연어를 이해하고 처리하는 부분에서는 아직 성과가 떨어지고 심지어 당분간은 거의 불가능하다는 이야기도 많이 하는데 이에 대한 큰 변화가 있었는지, 아니면 언제쯤 가능한 것이지도 사람들이 흔히 하는 질문이다.

세 번째, 현재의 딥러닝이 거대한 신경망과 막대한 데이터를 활용해서 발전한 것이나 다름없는데 이렇게 거대한 구조를 요구하지 않으면서도 학습할 방법은 없는지, 그리고 데이터가 충분하지 않은 경우에도 좋은 성능을 발휘할 수 있도록 학습할 수 있는가라는 질문이다. 대부분 정답이 있는 데이터를 요구하는데, 정답이 없는 데이터만 많이 모인다면 어떻게 할 것이냐는 질문도 많다.

이들 3가지 질문에 대해서는 최근 AI 기술 발전과 트렌드를 알아보면서 그 답을 찾아보자. 이렇게 설명하는 것이 최근 키워드로 부상하고 있는 기술의 이름을 중심으로 설명하는 것보다 훨씬 쉽게 이해할 수 있을 것이다.

첫 번째 질문을 요약하면 "AI가 창의적인 이미지나 글, 소리 등을 만들 수 있을까?"이다. 이에 대한 답부터 하면, "이제는 그렇다"이다. 이는 생성형 AI 덕분이라 말할 수 있다. 2013년 말과 2014년에 이미지를 생성하는 AI 관련해서 중요한 논문 두 편이 몇 달 간격으로 발표되었다.

2013년 12월 디데릭 P. 킹마와 맥스 웰링이 VAE(Variational Autoencoders)라고 불리는 기술을 논문으로 발표했다. 생성형 AI

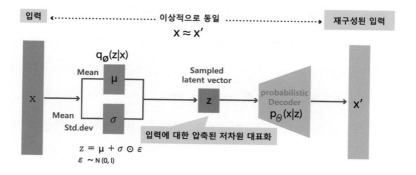

그림 6-1 킹마와 웰링의 VAE 구조 (출처: https://lilianweng.github.io/lil-log/2018/08/12/from-autoencoder-to-beta-vae.html)

와 관련한 초창기 이론을 정립한 기념비적인 논문이라 할 수 있다. 전통적인 딥러닝은 데이터가 X라고 하면 이것을 더 작은 공간이자 잠재 공간(Latent Space)으로 불리는 Z라는 데이터 공간에 데이터 X의 특징을 추출해서, 더 작은 차원에 더 작은 데이터 크기로 줄여가는 과정이 핵심적인 역할을 한다. 이렇게 원래의 데이터 공간에서 잠재 공간으로 데이터를 줄여가는 과정을 흔히 '인코더(Encoder) 알고리듬'이라 한다.

그림 6-1은 좌측의 데이터 X가 보다 작은 벡터 데이터 공간 Z로 압축되어 가는 과정이다. 이후 기존의 딥러닝에서는 이를 분류나 인식에 활용하는 네트워크 구조로 연결되는데 VAE에서는 그 과정을 진행하지 않는다.

이렇게 얻어진 Z라는 데이터 공간을 특정한 조건을 적용해서 반대 방향으로 데이터를 확산 시켜 원래의 데이터 공간 X와 같은 차원과 크기로 뿌려서 만들어낼 수 있다. 이렇게 만들어진 특정한 조건의 데이터 공간을 위 그림에서는 X′로 표현했고 이 과정, 즉 그림에서는 중앙의 Z데이터 벡터 공간이 X′로 확산한 것을 '디코더(Decoder) 알고리듬'이라 한다. 이것이 VAE의 핵심 내용으로 상당히 비슷한 이미지들이 조건에 따라 다양하게 생성되는 것을 확인할 수 있었다.

이에 비해 2014년 초 이안 굿펠로우가 제시한 GAN(Generative Adversarial Network)은 2개의 네트워크를 경쟁시킨다. 이미지를 생성하는 목적의 네트워크인 생성(Generator) 네트워크와 가짜로 만들어낸 이미지와 오리지널 이미지를 구분하는 목적의 판별(Discriminator) 네트워크가 서로 경쟁한다. 이렇게 2개의 네트워크가 경쟁하는 게임 구도를 만들면 오리지널과 생성된 것의 차이를 느끼기 어려울 정도로 정교한 샘플 데이터를 생성하도록 네트워크가 학습하고 진화한다.

이것이 'GAN'이라 불리는 알고리듬(그림 6-2)이다. VAE와 GAN이 큰 성공을 거두면서 이들의 장단점을 융합한 연구도 많이 진행되었고, 이들의 약점 등을 보완한 기술들이 이후 속속 등장했다. 2015년 이후부터는 정말 쓸 만한 수준의 생성형 AI 네트워크가 많이 등장하면서 생성형 AI 기술의 전성시대가 열리기 시작했다. 그래서 최신 AI 트렌드를 이야기할 때 빼놓을 수 없는 가장 중요한 분야로 생성형 AI 기술을 꼽을 수 있다.

두 번째 질문은 "이미지와 영상 분야에서 딥러닝의 성과가 큰 것은 알겠는데 자연어처리 분야는 어떤가?"이다. 그동안 이미지나 영상 분야에서 보여준 딥러닝 혁명의 파급력에 비하면 상대적으로 지지부진한 것이 사실이었다.

2014년 구글의 'seq2seq' 기술과 뉴욕대학교 조경현 교수 연구팀의 '인코더-디코더 네트워크'가 등장하면서 번역과 관련된 부분에서 과거와 비교하기 어려운 큰 성과를 내며 약간의 기대감이 증폭되기도 했지만, 그 이후 성능은 크게 나아지지 않았고 번역을 제외한 다른 자연어처리 작업에서는 인간과의 격차가 워낙 컸기에 부정적으로 전망하는 전문가들이 많았다.

필자는 2017년 주요 AI 학회로 꼽히는 ICLR에 참석하기 위해 프랑스 툴롱에 들렀다. 여기서 당시 워싱턴대학교 서민준 박사와 하버드대학교 김윤 박사를 포함하여 자연어처리와 관련하여 일

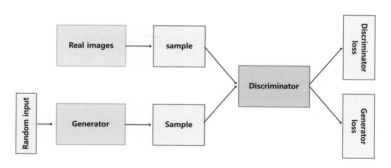

그림 6-2 이안 굿펠로우의 GAN 구조 (출처: https://developers.google.com/machine-learning/gan/gan_structure)

가견이 있는 젊은 연구자들과 함께 저녁 식사를 한 적이 있었다. 이때 이미지나 영상 분야처럼 자연어처리 분야에서도 딥러닝이나 현재의 AI 기술이 큰 업적을 언제쯤 낼 수 있겠냐는 질문을 던지며 이야기했었는데, 이들 대부분이 앞으로 10년은 더 걸릴 것이라고 답했다.

필자 역시 당시에는 자연어처리 분야에서만큼은 쉽게 성과가 나오지 않을 것이라고 말했다. 그렇게 대답한 이유는 사람들이 사용하는 불확실하고 모호한 표현 때문에 이해하는 내용이 서로 다를 수 있고, 같은 표현이라 하더라도 상황에 따라 다른 의미를 가질 수 있어서였다. 인간이 데이터 형태로 AI에게 언어를 가르치는데, 인간이 만들어 주는 데이터 자체가 신뢰성이 떨어지고 중구난방으로 다른 답을 주는 상황이기 때문이다. 이런 상황이라면 제자 혹은 학생과 다름없는 AI가 제대로 배울 수 없다.

이렇게까지 부정적이었던 자연어처리 분야에서도, 최근 들어 놀라울 만한 성과가 많이 나오기 시작했다. 자연어처리에서 많이 사용하던 RNN을 사용하지 않고, 자연어 데이터 중에서 어떤 단어와 문장이 중요한지 내부에서의 짝을 지은 연산으로 주의(Attention)를 수치화하면서 돌파구가 열렸다.

초기에는 기존의 순환신경망에 주의 알고리듬을 도입하는 정도로 연구들이 시작되더니, 급기야 구글 연구팀이 아예 신경망 네트워크를 주의 데이터만으로 구성하는 파격적인 구조를 제시했고, 이를 트랜스포머라는 관능적인 이름으로 발표하면서 큰 변화가 시작되었다. 당시 논문의 제목을 '주의는 당신이 필요로 하는 모든 것(Attention is All You Need)'이라 정하면서 많은 이들의 주목을 받았고, 일부에서는 제목이 너무 과하다는 지적도 나왔다. 하지만 수년이 지난 지금은 이 논문과 연구가 딥러닝의 등장 이후 가장 충격적이고도 가장 큰 변화를 가져온 것이라는 평가를 받고 있다.

이후 트랜스포머를 개조해서 더욱더 좋은 성능을 뽑내는 네트워크들이 지속적으로 등장하면서 자연어처리 분야에서도 딥러닝이 어마어마한 성과를 내기 시작했다.

트랜스포머가 서광을 비추자 기존의 자연어처리 모델과 결합하면서 봇물 터지듯이 뛰어난 모델들이 등장하기 시작했다. 특히 세계적인 인기 TV 프로그램인 〈세서미 스트리트〉의 캐릭터 이름을 딴 모델(그림 6-3)들이 많이 나왔는데 가장 인기 있는 캐릭터였던 엘모(ELMo)가 나오자, 이때부터 새로운 자연어처리 모델에 〈세서미 스트리트〉의 캐릭터 이름을 모델명으로 정하는 것이 유행한 것으로 보인다. 가장 엄청난 변화를 가져온 버트(BERT) 뿐만 아니라, 마이크로소프트는 빅버드를 발표했고 칭화대학교의 어니 그리고 글로버까지 등장했으니 앞으로 쿠키몬스터와 커밋 더프로그도 등장할 수 있을 것이다.

그중에서도 버트가 가장 엄청난 성능의 변화를 가져왔으며, 뒤

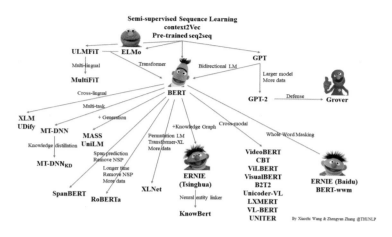

그림 6-3 〈세서미 스트리트〉 캐릭터들의 이름을 딴 여러 네트워크 모델 (출처: https://www.cellstrat.com/2020/06/02/nlp-with-bert/)

를 이어 생성형 자연어처리 분야에서도 GPT의 후속인 GPT-2, 그리고 최근의 GPT-3가 어마어마한 성능을 보여주면서 더는 자연어처리와 관련한 AI 기술의 발전이 더디다고 하기는 커녕 오히려 새로운 AI 기술을 이끌어가는 상황으로 변해하고 있다.

실리콘 밸리의 AI 스타트업: 브라이언 보들리 투자자

브라이언 : 저는 캘리포니아 주립대학교 버클리의 스카이덱 펀드에서 일하는 투자자입니다. 저는 AI를 포함한 다양한 산업 분야의 서로 다른 스타트업 다섯 곳에서 일했습니

다. 지난 2년 동안은 투자자로 일하며 초기 단계의 스타트업을 찾고, 그 기업이 시장에 진출할 수 있도록 지원했습니다. 특히 음성 기술과 관련된 AI 기술과 자연어처리에 관심이 많습니다. 제가 해당 분야에 경험이 있기 때문이죠.

정지훈 : 버클리 스카이덱 프로그램에는 어떤 스타트업들이 있나요?

브라이언 : 음성 및 자연어처리와 관련된 곳이 많습니다. 의사의 노트를 자동화해서 기록하는 딥스크라이브와 같은 스타트업에 투자했고, 종합적인 음성을 생성하는 오르비스AI(한국 스타트업으로 이후 사명을 LOVO로 변경)와 같은 스타트업도 있습니다. 스펙스도 종합 음성 생성에 초점을 맞춘 곳입니다. 트라이탄 클라우드는 AI를 통해 기업들을 위한 추천 사항을 자동으로 제공합니다. 앨런 AI는 팀이 더욱 효과적으로 함께 일할 수 있도록 언어를 이해하는 데 집중하고 있습니다. 저희가 투자한 상당수 기업은 이런 언어 및 음성 영역에 많은 경험이 있습니다. 또한 저희가 보고 있는 다른 AI 기업 중에서는 머신 비전 분야, 로봇 또는 자율주행 자동차 개발자를 돕는 제품, 그들의 데이터 처리와 로봇이 세상에 나올 수 있도록 하는 기업들과 일했습니다. 또한 슈퍼애너테이트라는 기업은 이미지 레이블링 분야에서 큰 문제를 해결하고 있고, 데이터를 필요로 하는 신경망에 더욱 정확한 이미지 레이블링을 가능하도록 돕고 있습니다.

마지막 질문은 "거대한 데이터 세트와 데이터에 레이블이 별로 없을 때도(정답이 없는 데이터들) AI를 학습시킬 수 있느냐"이다. 여기에 대해서도 최근 많은 연구가 이루어지고 있다. 답이 충실히 달린 양질의 데이터 세트가 있는 경우에는 당연히 지도학습을 하며, 답이 별로 없고 데이터양만 많은 경우에는 비지도학습을 한다.

실제 상황에서는 대부분 데이터 세트의 양은 많지만 정답이나 레이블이 제대로 달려 있는 데이터 세트가 적은 경우가 많다. 이런 경우에는 양질의 답이 있는 소수 데이터 세트를 이용해서 답이 없는 데이터에 답을 붙이는 작업을 할 수 있는데, 이런 방식의 학습을 준지도학습(Semi-Supervised Learning)이라 부른다.

또한 답은 있지만 답이 명쾌하지 않은 경우도 있다. 예를 들어 인스타그램 이미지에는 해시태그가 많이 달리는데, 사실 이 해시태그들이 인스타그램 해당 사진을 제대로 설명하지 못하는 경우가 많다. 그러나 전혀 관계가 없다고 할 수는 없는 '약한' 연관성을 가지고 있는데 이런 정답 또는 레이블을 '약한 레이블(Weak Label)'이라 부른다. 이런 레이블들은 이미지나 데이터를 완벽하게 설명하지 못한다. 그렇지만 이런 경우에도 데이터가 충분히 많으면 학습을 잘 시킬 수 있는 알고리듬을 만들 수 있는데, 이런 알고리듬을 약지도학습(Weakly-Supervised Learning)이라 한다.

최근에는 이들 두 가지 알고리듬의 장점만을 적절하게 섞은 것도 나오고 있는데 대표적인 것이 페이스북이 2019년 발표한 준-약지도학습(Semi-Weakly Supervised Training)이다. 준지도학습 방식인 스승-제자(Teacher-Student) 모델과 대량의 약지도 데이터 세트에서 최고의 답이 달린 일부 샘플을 구성하고 강화하는 방식을 동시에 활용하면, 양질의 데이터가 상당히 좋은 성능을 낼 수 있다는 것이 이 연구의 결과이다. 즉 언제나 양질의 데이터가 많아야만 학습시킬 수 있다는 가정은 이제는 틀렸다고 말할 수 있다.

여기에 더해 최근 다양한 연구 성과를 내고 있는 대형모델(Big-Scale AI)을 가능하게 만든 자가지도학습(Self-Supervised Learning) 기술의 발전도 빼놓을 수 없다. 항상 정답을 제공해야 하지만 빠른 학습이 가능한 지도학습이나, 데이터만 제공하면 되기 때문에 학습 가능한 데이터를 쉽게 공급할 수 있는 비지도학습의 장점을 적절하게 섞은 기술이다. 기술에 대한 자세한 설명은 이 책의 범위를 넘기 때문에 생략하지만 '자가지도학습' 이라는 용어의 중요성 정도는 알고 넘어가는 것이 좋다

6-2
생성형 AI 기술

생성형 AI 기술 중 조금 먼저 나온 VAE에 대해 좀 더 자세히 알아보자. 그림 6-4에서 보이는 것과 같이 VAE는 가운데에 압축된 은닉층의 데이터를 만들기 위해 원래 입력 데이터 x를 인코딩하는 계층과 함수, 그리고 은닉층의 데이터를 풀어 데이터를 확장해서 원래의 데이터 크기로 만드는 디코

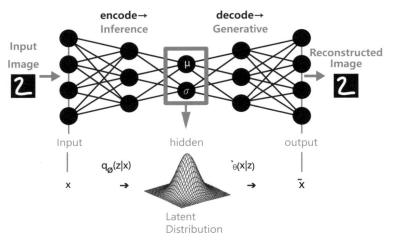

그림 6-4 VAE의 구조 (출처 :https://medium.com/@realityenginesai/understanding-variational-autoencoders-and-their-applications-81a4f99efc0d)

딩 계층이 대칭 형태로 이루어져 있다. 이런 구조를 '오토인코더 (Autoencoder)'라고 부른다.

보통 오토인코더는 이미지를 압축했다가 복원하거나 노이즈를 제거할 때 가장 많이 쓰이는 알고리듬이다. 그렇다면 VAE의 첫 단어 'variational'은 무슨 뜻일까? 일반적인 오토인코더와는 달리 인코딩된 표상에 어떤 제약을 걸어 디코딩할 때 조건부 확률로 데이터를 모델링해서 뿌려주는 방식을 의미하는 것으로, 이렇게 되면 조건과 상황에 따라 서로 다른 데이터가 생성되기 때문에 'variational'이라고 불리는 것이다.

VAE는 은닉층에서 특징이 압축된 데이터를 이용하여 원하는

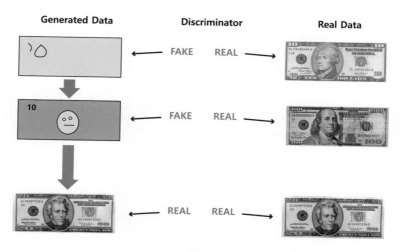

그림 6-5 GAN 네트워크가 하는 일 (출처: https://developers.google.com/machine-learning/gan/gan_structure)

이미지를 만들어내기 때문에, 만들어진 영상이 압축된 것을 확장한 것처럼(JPG를 많이 압축하면 뿌옇게 보이듯) 뿌옇거나 희미하고 엣지 등이 잘 보이지 않는 경우가 있다.

이에 비해 GAN은 가짜를 만드는 네트워크와 진짜와 가짜를 구분하는 네트워크가 경쟁하는 구도다(그림 6-5). 처음에는 임의의 노이즈로 이루어져 있는 데이터에서 네트워크가 가짜 이미지를 만들고, 실제 데이터가 있는 트레이닝 세트에서의 이미지를 구분하는 판별자가 이 둘을 구별하면서 (학습) 경쟁을 한다.

물론 처음에는 만들어지는 이미지가 그림 6-5에서처럼 실제 이미지와 차이 나기 때문에, 판별자 네트워크는 이를 쉽게 구분할 수 있다. 하지만 간혹 판별자가 학습을 잘 못 하는 경우가 있어 문제가 되기도 한다. 따라서 이 문제를 해결하기 위한 연구도 많다.

판별자가 구분하고, 학습한 내용이 네트워크에 반영되면 생성자가 좀 더 정교하게 페이크 이미지를 만들 수 있다. 그러면 판별자 입장에서는 점점 난이도가 높은 구분 과정을 거쳐야 하기 때문에 이 과정을 수없이 반복하면 생성자가 그림 6-5에서처럼 실제 화폐와 유사한 가짜 이미지를 만들 수 있다.

VAE는 확률 분포에 따라 데이터를 뿌리기 때문에 이상한 이미지를 만들어내는 경우가 별로 없고, 안정적이긴 하지만 다소 뿌옇거나 희미한 느낌이 드는 결과물을 만들어낸다. 하지만 GAN은 두 네트워크의 경쟁에 의해 엣지 있는 결과물을 만들 때까지 반복해서 학습하기 때문에 만들어진 이미지의 품질이 대체로 높다는 장점이 있다.

그런데 이 과정에서 두 네트워크의 경쟁이 생각한 것과 다른 방식으로 증폭되는 경우가 흔히 있다. 예를 들어, 개와 고양이를 구별한다고 했을 때 판별자가 고양이의 '뾰족한 귀'가 고양이의 특징이라는 것을 과도하게 학습하면, 이를 활용해서 제니레이터는 '뾰족한 귀'가 과도하게 큰 이상한 고양이를 생상할 수 있다.

이런 현상 때문에, 이상한 이미지를 만드는 경우가 생기는데 이를 모드 붕괴(Mode Collapse)라고 부르며, 이 문제를 해결하기 위한 연구들이 GAN과 관련한 중요한 연구과제가 되었다.

그림 6-6 생성형 AI 기술로 탄생한 가상 아이돌(출처: 펄스나인, AI심쿵챌린지)

VAE와 GAN과 같은 생성형 AI 기술을 이용해서 우리는 어떤 것을 할 수 있을까? 적용 대상과 범위는 생각보다 넓다. 가장 흔한 사례로는 얼굴이나 물체를 그려내는 것이다.

그림 6-6은 한국에 데뷔했던 역대 아이돌의 이미지를 학습해서 새롭게 생성한 남녀 각 101명의 가상 아이돌 중, 펄스나인의 AI심쿵챌린지에서 상위입상한 아이돌들이다. 여자 부문 중간집계 1위를 했던 함초롱의 경우 신한은행이 후원하는 메이저 게임 대회의 홍보대사로 데뷔했고, 남성 아이돌들은 태국 TV 프로그램에 데뷔했을 정도로 큰 가능성을 보여주었다.

실제 사람과 유사한 가상 캐릭터뿐 아니라, 일본 애니메이션이

그림 6-7 화풍을 그대로 흉내 낸 신경스타일 전이기술을 이용한 다양한 모나리자 (출처 : https://genekogan.com/works/style-transfer/)

나 게임에 자주 등장하는 눈이 매우 큰 캐릭터의 경우에도 일본 게임의 캐릭터 데이터베이스를 학습한 네트워크에서 안경, 헤어 스타일, 머리카락 색 등의 조건을 바꾸어 가면서 캐릭터를 인공지능이 그려내는 사례들이 많이 등장한다. 이들 역시 뛰어난 캐릭터 디자이너가 작업한 것과 큰 차이가 나지 않는 수준으로 완성도 있는 모습을 보여주고 있다.

다른 접근으로는 물체나 얼굴과 같은 객체(object)보다 주변 환경의 질감(texture), 스타일 등에 초점을 맞춰 이를 학습하고 변형하는 기술도 가능하다. 이를 신경 스타일 전이(Neural Style Transfer)라고 하는데 신경망을 이용해 스타일을 전이한다는 뜻이다. 그림 6-7은 진 코건이 작업한 다양한 스타일의 모나리자이다. 신경스타일 전이를 이용해 피카소와 반 고흐, 모네의 작품들

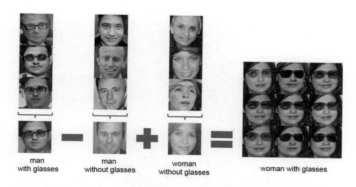

그림 6-8 DCGAN을 이용해 이미지 간의 연산을 한 결과 (출처: https://arxiv.org/abs/1511.06434)

을 각각 학습시킨 뒤, 각각의 스타일을 모나리자 그림에 적용했다. 왼쪽이 피카소, 가운데가 반 고흐, 오른쪽이 모네 스타일이 적용된 모나리자이다. 그럴듯하지 않은가?

생성형 AI 중에서는 덧셈, 뺄셈 등의 벡터 연산이 가능한 것들도 있다. 오리지널 GAN 연구 이후에 주요한 업그레이드가 이루어진 것으로 평가받는 DCGAN이라는 네트워크가 나오는 논문의 그림을 살펴보자.

그림 6-8에서 좌측에는 안경을 쓴 남자들의 얼굴이, 가운데에는 안경을 쓰지 않은 남자들의 얼굴이, 우측에는 안경을 쓰지 않은 사람들의 얼굴이 있다. 이때 안경을 쓴 남자에서 안경을 쓰지 않은 남자를 빼고, 안경을 쓰지 않은 여성을 더하면 어떻게 될까? 놀랍게도 안경을 쓴 여자들의 이미지가 생성된다. 이것이 가능하다면 조건과 산술식에 따라 매우 다양한 유형의 이미지를 생성해

그림 6-9 자연어처리를 통해 설명대로 생성해낸 이미지를 만드는 StackGAN (출처: https://arxiv.org/abs/1612.03242)

볼 수 있기 때문에 확장성이 커진다.

또 다른 생성형 AI의 활용처는 언어를 이미지로 해석해 그려내는 것이다. 그림 6-9는 StackGAN 연구에서 소개된 이미지로, 이런 작업을 하기 위해서는 당연하게도 자연어처리를 위한 네트워크와 생성형 AI의 결합이 필요하다.

사진은 "머리에서 꼬리까지 빨간색에서 회색으로 전환되는 깃털의 새를 그려라"라는 명령에 따라 작업한 것으로, 그럴듯해 보인다. 그 아래에 있는 사진들은 "검은색과 녹색을 모두 가진 짧은 부리의 새를 그려라"라고 명령한 결과물이다. 이상한 점이 없지는 않지만, 진짜 새라고 해도 좋을 정도로 완성도가 높다.

이런 기술을 활용해서 모바일 앱도 개발되기 시작했다. 사람의 사진을 넣으면 이모지(emoji)라는 일종의 캐리커처 형태로 바꿔서 생성하는 앱, 2D 사진을 간단히 찍으면 3차원 얼굴을 만들어주거나 아바타 등을 생성하는 앱에 이미 수많은 생성형 AI 기술이 접목되고 있다.

생성형 AI 기술이 가지고 있는 또 하나의 주된 응용처로 해상도를 높이는 초고해상도 기술도 있는데, 이 기술은 매우 실용적이다. 이미지 디스플레이의 성능이 좋아지고 있긴 하지만 막상 디스플레이에서 보여줄 수 있는 영상이나 사진은 그렇게 고해상도가 아닌 경우가 많다. 물론 카메라를 새로 사서 영상 등을 찍을 수도 있지만, 이전의 영상을 모두 폐기할 수는 없는 노릇이 아닌가.

그렇다면 이전에 제작한 이미지나 영상을 어떻게 초고해상도로 만들 것인가? 이는 삼성전자, LG전자와 같이 고해상도 이미지 디스플레이나 TV를 제작하는 회사에게 중요한 문제가 된다. 해법을 찾는다면 고해상도 이미지와 저해상도 이미지를 쌍으로 학습시키는 방식이 있을 수 있다.

저해상도를 고해상도로 만드는 방법을 익힌 뒤, 즉 스타일을 익혀 전이시킨 것처럼 이를 적용해서, 기존 저해상도 영상을 고해상도로 바꿀 수 있다.

이렇게 되면 4K, 8K 등의 고해상도 TV로 볼 수 있는 것이 많아지므로 보급이 확대될 수 있다. 실제로 여러 전자제품 제조 회사

그림 6-10 자연스럽게 사진과 같은 아트워크를 만들 수 있는 엔비디아의 GauGAN (출처: http://nvidia-research-mingyuliu.com/gaugan/)

들은 고해상도 TV를 만들 때 반도체 칩에 이 기술을 도입해서 실시간으로 과거의 저해상도 이미지나 영상을 고해상도로 바꿀 수 있는 기술을 개발해서 보급하고 있다.

결손 부위를 만들고 이를 채워 넣는 데도 생성형 AI 기술이 큰 역할을 한다. 심지어 최근에는 얼굴만 따로 윤곽을 잡아 생성하는 기술도 개발되었다. 원래는 매우 건전한 목적으로 사용하기 위한 기술이었지만. 사람의 얼굴을 지우고 거기에 다른 얼굴을 자연스럽게 합성시켜 포르노를 만드는 딥페이크(Deepfake) 기술로 사용되면서 큰 문제가 되고 있다. 그래서 요즘에는 딥페이크 영상을 찾아 구별해내는 AI 기술을 발전시키기 위한 챌린지 대회가 열리기도 한다.

마지막으로는 이런 기술을 잘 도구화를 해서 생산성 도구에 접목시킬 수도 있다. 엔비디아에서 발표한 GauGAN 기술이 이런 변화의 모습을 잘 보여준다. 캔버스에 적당히 윤곽만 잡고, 무엇을 그릴 것인지 선택만 하면 딥러닝 네트워크가 실제 사진 이미지처럼 그려낸다. 소프트웨어 개발자, 디자이너, 아티스트 등이 GauGAN을 사용해 쉽게 작업할 수 있게 되었다.

6-3
자연어처리 기술

난공불락으로 여겨졌던 자연어처리 기술은 페이스북에서 AI 기술 연구를 주도하다가 2020년 3월 체코의 CIIRC로 옮긴 토마스 미콜로프의 'Word2Vec'에서부터 그 실마리를 찾기 시작한다. 그가 제시한 가장 기본적인 개념은 단어를 벡터로 처리할 수 있도록 한 것인데 단어 하나하나를 같은 길이의 벡터로 변환하는 기술이다. 단어를 한정된 길이의 벡터에 내재시키는 것이어서, 이를 '단어 내재화(Word Embedding)'라고 부른다.

이를 통해 단어를 직접적으로 처리하기보다 정해진 길이의 벡터 계산으로 자연어를 처리할 수 있게 되어, 컴퓨터로 언어를 쉽게 처리할 수 있는 초석이 마련되었다. 이 때문에 딥러닝 기술을 이용해 자연어처리를 쉽게 할 수 있는 문이 열렸다. 토마스 미콜로프는 "딥러닝을 이용한 자연어처리의 발전은 단어 내재화가 가능해졌기 때문"이라는 말을 남기기도 했다.

그가 단어 내재화를 통해 딥러닝 기술에 자연어처리의 가능성을 처음으로 제시했다면, 실제로 자연어처리와 관련한 여러 작업 중 실질적인 진전을 보여준 분야는 번역이다. 뉴욕대학교의 한국인 교수이기도 한 조경현 박사가 2014년 인코딩-디코딩 네트워크를 RNN에 적용해 번역할 수 있다는 가능성을 보여주는 논문을 발표했다.

같은 해 구글의 일리야 서츠키버가 같은 구조를 2개의 연속된 벡터의 시퀀스(연속된 벡터들 seq라고 표현)가 연결되었다는 측면에

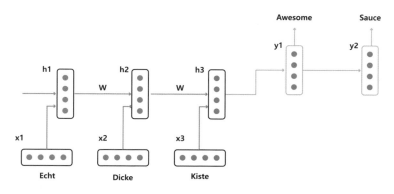

그림 6-11 인코더-디코더 네트워크의 구조 (출처: 스탠포드 대학교 CS224D 강의 노트, https://cs224d.stanford.edu/lecture_notes/notes4.pdf)

서 'seq2seq'라는 개념을 설명하면서 신경망 번역 시대가 열렸다. 이 기술이 본격적으로 적용되기 시작하자, 과거에 품질이 낮았던 자연어 번역의 품질이 급격하게 좋아졌고, 구글을 비롯해 여러 인공지능 선두 기업들이 높은 성능의 번역 서비스를 출시하기 시작했다. 구글의 번역 서비스와 앱들이 그때부터 쓸 만해졌으며 네이버의 파파고, 카카오의 i번역 등이 나오면서 과거보다 훨씬 쉽게 번역을 할 수 있는 시대가 되었다.

개념은 비교적 간단하다. 벡터가 좌로부터 우로 계속해서 연결되는 전형적인 RNN 구조로 되어 있는데, 각각의 단어가 단어 내재화 작업을 거쳐 x 숫자 벡터로 RNN에 투입된다. 이때 네트워크가 연결될 때마다 가중치 값이 계산되고 활성화 함수가 적용된다. 그러다가 문장이 끝나면 최종적으로 이전 단어의 내용을 전부 담은 h 벡터값이 계산된다. 이 과정이 문장 전체를 인코딩하는 것이므로 인코더라고 부를 수 있다(그림 6-11).

이 벡터에서는 대응하는 언어를 반대로 풀어낸다. 단어를 하나씩 풀어 인코딩할 때 집어넣은 각 단어에 대응하는 영어 단어의 대응 벡터를 출력한다. 예를 들어, 프랑스어로 들어간 것을 영어 단어로 나오게 해야 한다고 하면 입력된 프랑스어 벡터에 대한 영어 단어의 대응 벡터를 출력한다. 이때 진짜 번역된 문장의 단어와 비교를 하여 오류가 있으면 딥러닝에서 항상 사용되는 오류에 대한 역전파 알고리듬으로 가중치 값을 재조정하고, 이를 반복하면서 네트워크의 성능이 점점 좋아지면서 결국 좋은 번역 결과를 내놓는다.

이렇게 간단한 네트워크가 번역을 훌륭하게 해내자 자연어처리에도 딥러닝 기술이 크게 기여할 수 있다는 기대가 떠오르기 시작했다. 하지만 그 이후 다른 복잡한 언어와 관련한 작업에서는 눈에 띄는 성과가 나오지 않았고, 번역에서도 문장이 길어지거나 여러 개의 문장으로 된 단락의 문맥을 고려하여 제대로 된 번역 결과를 내지 못하는 문제가 지적되면서 절반의 성공이 아니냐는 이야기가 많았다. 앞서 언급한 인코더-디코더 구조에 관해, 조경현 교수는 2014년 또 다른 논문에서 그 문제점을 적나라하게 보여주었다.

그림 6-12에서 그래프 Y축이 번역의 품질을 평가하는 BLEU라는 스코어이다. 이 값이 단어 10개까지는 잘 올라가다가 10개가 넘어가면 급격히 점수가 떨어져서 품질이 좋아지지 않는 것을 확인할 수 있다. 이는 하나의 벡터에 문장이나 문단 전체의 내용을 인코딩하여, 그 의미가 지나치게 압축되기 때문이다.

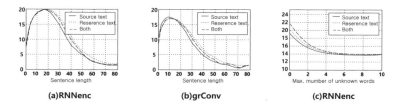

그림 6-12 문장의 길이와 번역의 품질 (출처: https://arxiv.org/abs/1409.1259)

문장 전체의 의미를 갖고 있는 벡터를 문장 내재화(Sentence Embedding)라고 하는데 여기에 너무 많은 내용이 들어간 것이다. 고해상도 사진을 매우 적은 용량의 사진으로 심하게 압축하면 알아보기 어려워지는 것과 비슷한 현상이다. 그렇다면 이 문제를 어떻게 풀어야 할까?

이 문제에 처음으로 해답을 던진 것이 '주의(Attention)'라는 개념이다. 인간의 뇌가 외부의 것을 인지하는 상황을 떠올려보자. 세상에서 들어오는 모든 것에 인간의 뇌가 모두 반응했다면 올바르게 판단할 수 있을까? 뭔가를 볼 때도 주의를 기울여 보는 것이 있고, 들을 때도 집중해서 듣는 것이 있다. 주의라는 개념을 자연어처리와 신경망 번역에 어떻게 적용할 수 있을까?

이와 관련하여 2015년 바다나우와 조경현 교수, 요수아 벤지오 교수가 함께한 연구가 처음으로 자연어처리 분야에 소개된다. 기존의 인코더-디코더 네트워크에서 결국 하나의 정해진 길이의 벡터에 전체 문장을 대표하도록 하지 않고, 문장을 벡터의 시퀀스로 인코딩하여, 벡터 중에서 일부만 골라 디코딩하도록 했다. 이렇게 되면 전체 문장에서 중요한 문장에 주로 초점을 맞춰 가중치를 주게 된다. 그러면 좀 더 양질의 번역이 가능할 것이라고 생각한 것이다.

이렇게 여러 벡터 중에서 디코딩할 때 중요한 일부만 고르는 과정이 실제로 인간이 사물을 인식할 때 주의를 기울이는 것과 비슷해서 이를 주의라고 표현했다. 주의를 사용하기 시작하자, 좀 더 긴 문장이나 문단의 의미를 어느 정도 파악한 번역이 나오기 시작했고 그 품질도 좋아졌다.

그러다가 2017년 혁명적인 네트워크 구조가 소개된다. 이름도 외계에서 온 로봇 군단 트랜스포머에서 따왔고, 그만큼 구조도 파격적이었다. 논문의 정식 제목은 〈주의는 당신이 필요로 하는 모든 것(Attention is all you need)〉이다. 구글이 이 논문을 발표했을 때 이게 말이 안 될 것이라고 의심하거나 결과를 반신반의하는 사람도 많았다. 그런데 이 네트워크 구조가 현재의 딥러닝 연구에서 가장 중요한 변화를 가져왔다. 이 네트워크 구조에서는 파격적으로 기존에 자연어처리를 할 때 사용하던 RNN 구조를 없애버린 것이다.

그리고 RNN에서 여러 개의 벡터 시퀀스에 대해 주의를 계산하던 것을 같은 문장 사이의 자가 주의(Self-Attention)를 계산하는 방식으로 바꾸면서, 논문 제목 그대로 실제 입력과 출력을 제외한 모든 네트워크 구조가 주의 수치만을 계산하게 되었다.

사실 이 논문을 제대로 이해한다는 것은 딥러닝 전공자들에게도 매우 어려운 숙제이다. 다만 간단하게 설명하면 인코더와 디코더에 각각 자가 주의 값을 계산하고, 인코더-디코더 주의가 중간에 있는 구조다.

이처럼 딥러닝 연구는 불과 몇 년이 지나지 않았음에도 과거에 믿어왔고 당연하게 쓰던 구조가 최근 새롭게 부상한 구조에 의해 순식간에 오래되고 성능이 떨어지는 경우가 비일비재하다. 그래서 교육자 입장에서도 지금 가르친 것이 몇 년 뒤에 오래된 것이 되는 게 아니겠느냐는 두려움과 부담을 갖게 된다.

하지만 자세히는 몰라도 어떤 이유로든 변화가 생겼고, 각각의 기술에는 어떤 장단점이 있으며, 발견한 문제를 해결하기 위해서는 어떤 개념을 도입하고 적용해왔는지 등의 커다란 흐름만이라도 잘 알아두는 게 좋다.

6-4
엘모와 버트

트랜스포머가 발표되면서 큰 성과가 없었던 자연어처리 연구가 활발해지기 시작했다. 주의를 중심으로 한 네트워크를 활용하자 결과가 좋아지는 경우가 많아지면서 다양한 변형 네트워크가 발표되었다.

그중에서도 가장 유명해진 것은 2018년 엘모(ELMo: Embeddings from Language Models)와 2019년 전 세계를 떠들썩하게 한 버트(BERT, Bidirectional Encoder Representations from Transformers)이다.

이들이 등장하면서 자연어처리에 획기적인 변화가 나타나기 시작했다.

엘모와 버트는 모두 뉴욕을 중심으로 촬영된 세계적인 어린이 프로그램 〈세서미 스트리트〉에 나오는 유명한 캐릭터들이라, 이를 세서미 스트리트 밈이라 한다. 엘모와 버트가 나온 이후 자연어처리 관련 대회에서, 마이크로소프트가 버트를 더욱 개량해서 만든 빅버드 모델이 1등을 했는데 이 역시 〈세서미 스트리트〉의 캐릭터이다. 그래서 혹자들은 다음번 유명한 자연어처리 모델은 쿠키 몬스터나 커미트가 될 것이라는 소문이 있을 정도였다.

그중에서도 압도적인 성능을 보여주며 세상을 깜짝 놀라게 한 버트에 대해서 좀더 알아보자.

버트는 자연어처리와 관련한 종합적인 평가를 하는 GLUE 스코어에서 이전에 최고 성능을 보여주었던 모델들을 압도적인 수치로 누르면서 혜성과 같이 나타났다. 버트가 나오기 이전에는 자연어처리 수준에 있어서 인공지능의 성능이 인간보다 많이 떨어졌지만 버트 이후 그 격차가 많이 좁혀졌고, 일부 작업에서는 인간을 넘어서기도 했다.

버트 역시 트랜스포머와 마찬가지로 입문서에서 제대로 설명할 수 있는 수준을 넘어서는 어려운 모델이기 때문에, 모델이 가진 가장 중요한 특징 몇 가지만 설명하고 넘어간다.

버트는 기존의 모델과 달리 자가지도학습을 한다. 버트는 수많은 책과 위키피디아에 존재하는 엄청난 양의 문장을 별다른 힌트나 레이블 없이 중간중간 단어를 지우고 이를 예측해서 맞추는 식으로 언어 전반에 대한 학습을 진행한다.

이렇게 만들어진 모델이 해당 작업에 해당하는 최적화를 위해 튜닝하는 학습을 다시 진행한다. 예를 들어, 글을 읽고 이것이 스팸인지 아닌지 판단하는 종류라면 해당 문장이나 단락을 넣고 스팸인지 아닌지 예측하게 한 후, 미리 학습되어 만들어진 모델에 접목해서 진행하는 방식으로 그 성능을 순식간에 끌어올린다.

결과는 여러모로 충격적이었다. 학계에서는 자연어처리를 잘하기 위해 수많은 모델을 테스트하고 연구해왔는데, 버트 모델의 구조는 과거의 것과 별반 다르지 않았다. 그런데 어마어마한 분량의 글과 막대한 컴퓨터 자원을 쏟아부어 학습하면서, 다양한 분야에서 과거 그 어떤 모델보다 더 좋은 결과를 낼 수 있다는 사실을 시사한 것이다. 대용량 학습과 처리가 가능한 컴퓨터와 자원이 없다면, 앞으로 이 분야에서는 좋은 결과를 낼 수 없을 것이다.

일부 학자들은 이런 사실에 좌절하기도 했지만 반대로 특정 작업을 위해 학습하는 것이 아니라 일반적인 글의 단어를 지워 그것을 예측하는 방식으로 학습시켜도 다양한 작업에 쉽게 적용 가능한 학습 모델을 얻을 수 있다는 사실을 인정했고, 그 덕분에 자연어처리 기술의 상용화 가능성이 크게 높아졌다는 평가를 하고 있다. 그 이후 자연어처리 수준이 엄청나게 좋아진 서비스와 프로그램도 많이 나왔다.

버트의 충격이 채 가시기도 전, 이번에는 오픈AI에서 자연어 처리 분야의 또 다른 충격적인 연구 결과를 발표한다. 'GPT-2(Generative Pre-Training-2)'가 그것이다. 이름에서 알 수 있는 것처럼 분석이나 번역보다는 문장과 글을 생성해내는 생성형 AI 기술의 일종이다.

기본적으로 트랜스포머나 버트와 비슷한 구조이지만, 버트는 인코더 네트워크를 연달아 쌓아 올린 네트워크 구조에서 학습하는 반면 GPT-2는 디코더를 계속 쌓아 올린 구조로 학습 및 글을 생성한다.

GPT-2는 모델의 차원을 작은 것부터 큰 것까지 만들어볼 수 있는데 모두 나름대로 잘 동작하지만 모델이 커질수록 성능이 좋아진다. GPT-2가 큰 화제를 일으킨 것은 오픈AI에서 이 연구를 발표할 때의 태도와도 관련이 있다.

문장 한두 개만 던지면 한 페이지 수준의 소설을 쉽고 그럴듯하게 써낸다는 결과를 보여주었고 이로 인해 프로그램, 데이터, 모델 등이 모두 공개될 경우 사회적 재앙을 가져올지도 모른다는 우려가 컸다. 특히 가짜뉴스 양산에 악용될 수 있다고 걱정하는 사람들이 많았다.

이로 인해 AI 커뮤니티에서 엄청난 반발과 비아냥이 쏟아졌다. 하지만 논문 내용을 본 사람들이 이와 유사한 모델을 만들고 테스트한 결과물을 쏟아내자, 오픈AI에 대한 우려처럼 글을 잘 쓰는 AI의 수준이 아주 높아졌음이 증명되었다.

2019년 하반기에는 오픈AI가 블룸버그의 지구온난화와 관련 에세이 대회에 작품을 출품했는데, 심사위원들이 '잘 정제되고 뛰어난 표현력을 갖춘 우수한 글'이라고 평가하면서 상을 줬다. 현재 한글로 학습한 GPT-2의 변형 모델들도 여러 기업과 연구자들에 의해 개발되었고, 한글을 이용한 테스트 성능도 상당히 좋아서 앞으로는 자연어처리 기술 발전을 이용한 챗봇이나 글 써주는 서비스, 글의 핵심 내용을 파악하거나 설명하는 등의 작업에도 쓸 만한 것들이 많이 나올 것으로 예측된다.

6-5
자연어처리를 넘어

GPT-2가 큰 충격을 준 지 얼마 지나지 않은 2020년 6월 오픈AI에서 더 엄청난 성능을 가진 AI를 발표한다. GPT-3가 그것이다. GPT-3의 구조나 원리는 기존 GPT-2와 크게 다르지 않았지만 성능은 한 단계 도약했다는 평을 받는다. GPT-2가 약 40GB의 인터넷 텍스트를 이용해서 학습하고 15억 개 정도의 파라미터를 사용했는데 GPT-3는 1,750억 개의 파라미터를 사용했다. 그 결과 훨씬 다양한 영역에서 놀라운 성능을 내기 시작했다.

예를 들어, 오픈AI는 GPT-3 베타 버전을 공개한 페이지에서 "빵은 왜 푹신푹신하지?"라는 질문을 했고, GPT-3는 "빵이 푹신푹신한 이유는 효모가 설탕을 이용해 이산화탄소를 배출하기 때문이다. 이산화탄소가 공기 중으로 빠져나오는 과정에서 기포가 생기고, 이런 공기 구멍들이 빵을 푹신푹신하게 만든다"라는 놀라운 답변을 했다.

이 이외에도 다양한 변형 애플리케이션들이 등장했는데 자연어로 던진 질문에 답변해주는 검색엔진, 주로 디자인 분야이기는 하지만 어떤 형태의 앱을 디자인하라는 자연어 설명을 읽고, 이를 구현할 수 있는 코딩된 프로그램을 출력하기도 했다. 그 밖에

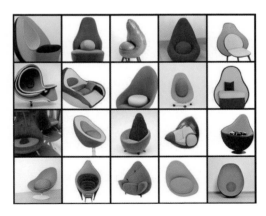

그림 6-13
달리가 그린 '아보카도 모양의 팔걸이의자'

도 SF소설을 쓰거나 게임 시나리오를 작성하고, 연애편지를 쓰는 서비스 등이 등장하면서 다양한 응용 서비스와 앱들이 출시되고 있다. 최근 폭발적인 인기를 끌었던 (비록 여러 문제로 서비스를 중단했지만) 스캐터랩의 '이루다'의 경우에도 완전히 같지는 않지만 GPT-3와 비슷하거나 GPT-3 기술을 활용해서 작성된 인공지능 챗봇일 것으로 추정된다.

GPT-3가 대단하다고 평가받는 것은 AI 기술의 적용 분야가 자연어처리라는 한계를 넘어섰기 때문이다. 오픈AI는 이미지-GPT라는 기술을 통해 이미지 중 일부가 주어지면 여러 가지 이미지를 높은 수준으로 그려내는 것도 가능하다는 것을 보여주었다. 이는 자연어처리를 할 때 앞의 단어 다음에 나타날 단어를 예측하는 것과 비슷하고, 충분히 학습한다면 다음 픽셀을 예측하는 데도 적용할 수 있다는 사실을 보여주었다.

GPT-3의 언어 처리 능력과 이미지를 생성하는 능력을 결합해서, 이미지 처리와 자연어처리를 모두 잘하는 AI의 등장을 보여준 것은 바로 오픈AI가 공개한 달리(DALL-E)이다. 이 명칭은 위대한 화가 살바도르 달리와 디즈니 픽사의 애니메이션인 월리를 합친 것이다. 달리의 성능은 정말 놀랍다. 어떤 형태의 문장으로 설명해도 정말 최고의 화가처럼 그림과 사진을 여러 형태로 그려낸다.

사례를 하나 보자. 그림 6-13은 달리에게 '아보카도 모양의 팔걸이 의자'를 그려보라고 명령한 것의 결과이다. 놀라운 수준이 아닐 수 없다. 현재의 AI 기술은 이렇게 빠른 속도로 발전하고 있다. 다양한 새로운 기술을 잘 활용한다면 과거와는 다른 엄청난 수준의 변화를 주도할 수 있다.

7장

AI 공정성

7-1
AI 스타트업 지형

AI는 이제 연구 단계를 넘어서서 본격적인 상용화에 접어들었다. 이번 장에서는 연구의 영역을 떠나 산업 영역으로 들어오고 있는 AI 기술을 알아보고, 상업화를 위해서는 어떤 이슈가 중요하며 무엇을 고려해야 하는지 확인해본다.

AI의 상용화는 어떻게 진행되고 있을까? 과거와 달리 AI 기술이 실질적으로 할 수 있는 것이 많아지면서, 다양한 종류의 기업들이 탄생하고 있다. 한눈에 보기에도 복잡해 보이는 그림 7-1은 벤처스캐너가 그린 주요 AI 스타트업 지형도이다.

벤처스캐너의 집계에 따르면 2019년 3분기까지 AI 관련한 스타트업이 2,500개 넘게 창업했고, 이들에게 투자된 금액은 750억 달러, 한국 돈으로 80조 원이 넘는다. 카테고리도 매우 다양해서 이후 크게 성공하는 기업이 많이 나올 것으로 전망된다.

이처럼 AI 기술을 이용해 사업화를 진행하고 있는 곳이 늘어나고 있다. 그렇다면 과연 학계에서의 연구 활동과 산업계에서의 상용화 작업에는 어떤 차이가 있을까? 가장 큰 차이는 무엇일까?

무엇보다 학계와 산업계에서 활용하는 데이터가 다르다. 아카데미에서는 주로 정해져 있는 데이터를 이용해 학습하고 테스트한다. 그래야 더 공정한 테스트와 모델의 우수성을 검증할 수 있다고 믿기 때문이다. 하지만 산업계에서 학습하는 데이터는 학계보다 훨씬 다양하고, 상황에 따라 크게 변하기도 한다.

그렇다면 AI 기술과 관련한 모델은 어떨까? 모델은 학계나 산업계나 모두 목적 달성을 위해 다양한 변화를 주고, 수많은 테스트를 통해 최적의 결과를 찾아내는 과정을 거치기 때문에 접근

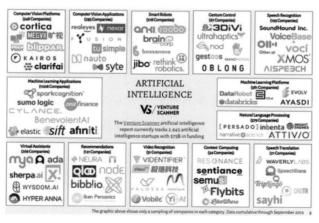

그림 7-1 벤처스캐너의 AI 스타트업 지형도

방식에 있어서 큰 차이가 없다.

성능에 대한 목표는 어떨까? 여기서는 학계와 산업계의 시각과 목표가 크게 갈린다. 아카데미에서는 성능 목표치에 대한 상한선을 두지 않고 더 나은 결과를 위해 달리고, 그 결과가 기존의 방법이나 모델보다 어떤 방식으로든 더 나은 결과를 가져와야만 학술적 가치를 갖는다. 그리고 그런 결과만을 논문으로 발표한다. 이를 보통 'SOTA(State-of-the-art)'라고 하는데, AI 연구 커뮤니티에서는 "어떤 벤치마크에서 SOTA를 찍었다'라고 자랑하면서 연구의 우수성을 자랑하는 글을 많이 볼 수 있다.

이에 비해 산업계에서는 성능 지표가 정해지는 경우가 많고, 이를 최소한 상시적으로 지킬 것을 요구한다. 즉 정해진 데이터에서 최고 성능을 찍고 간혹 최고의 정확도를 기록하거나 평균이 높은 기술보다, 반드시 지켜야 하는 서비스 수준의 최저치를 늘 만족시킬 수 있는 안정적인 기술을 선호한다. 이처럼 아카데미와 산업계의 지향점이 다르다는 점을 기억해야 한다(그림 7-2).

그림 7-2 아카데미와 산업계가 AI 기술의 데이터와 모델, 성능지표를 바라보는 관점의 차이 (출처: https://medium.com/merantix/medium-rasmus-rothe-bringing-machine-learning-research-to-product-commercialization-b4703eb9a8d2)

아카데미와 산업의 차이: 뉴욕 로컬 기업 창업자

프라산트 수다카란(AiNGEL 공동창업자) : 사람들이 AI나 딥러닝과 같은 말을 자주 사용하면서도 왜 그것이 필요한지, 왜 그 기술이 유익한지는 잘 모르는 경우가 많습니다. 그리고 학계가 산업계보다 보통 5년에서 10년 정도 뒤처진다고 주장합니다. 산업계에서 워낙 많은 일이 빠르게 이루어지고 있기 때문이죠. 저는 학계가 AI와 관련해 그렇게 뒤처져 있다고 생각하지 않습니다. 예를 들어 뉴욕대학교 같은 경우에는 훌륭한 연구자와 데이터 사이언티스트가 있고, 얀 르쿤과 같은 유명한 연구자와 그의 팀이 정말 놀라운 성과를 이루고 있거든요. 어느 정도의 지연이 있을 수는 있지만 그렇게 뒤처진다고 할 수 없습니다. (필자 주 : 뉴욕대학교는 페이스북과 함께 페이스북 AI 연구소를 설립해서 산업계의 앞선 성취를 고스란히 학계에 결합하고 있기에, 일반적인 아카데미의 상황과는 차이가 있음.)

기드온 멘델스(CometML의 공동창업자) : 학계와 산업계의 다른 점은 데이터입니다. 학계는 수년 동안 분석이 이루어지고 개선되어 온 순수한 데이터 세트에서 작업합니다. 그에 비해 산업계 데이터 사이언스의 70%는 데이터가 어디에 있는지를 찾는 것입니다. 그안에서 무슨 일이 일어나고 있는지를 알아보고 클리닝을 합니다. 산업계의 도전 과제는 바로 데이터에 있다고 생각합니다. 또 다른 면으로는 AI 모델에 대해서 생각해볼 수 있는데요. 특히 측정 가능한 지표 메트릭(Metric)이 중요합니다. 학계는 주로 정확도 혹은 F1 스코어처럼 통계적으로 명확한 지표를 사용하지만 산업계는 그것을 비즈니스적인 KPI(Key Performance Index, 핵심성과지표)로 엮어서 표현합니다. 이 부분에서 많은 차이를 보입니다. 사람들이 학문적 모델이나 논문을 산업에 적용하려 노력하지만, 효과를 바로 기대하는 것은 바람직하지 않습니다.

또 한 가지 중요한 관점은 AI가 우리 일을 대체하는가, 아니면 협력하는가에 대한 질문이다. AI는 양쪽 모두에 영향을 미친다. 세계적인 컨설팅 기관 맥킨지가 수행한 AI와 직업에 관한 연구조사 자료에 따르면, 현재 AI가 관여할 수 없는 종류의 일이 약 15% 이고, AI로 대체 가능한 것이 16%이며, 나머지 대부분에 해당하는 69%는 AI가 인간이 하는 작업의 전반적인 수행 지표를 향상시키는 것으로 분석하고 있다.

AI가 크게 도움을 줄 수 있는 일의 종류 역시 분야에 따라 다르다. 대체로 여행과 교통, 물류, 소매 유통과 자동차, 조립, 하이테크 분야에 특히 도움이 많이 되고 우주와 국방, 첨단 반도체, 보험, 약물과 의료기기 등에는 예상과는 달리 상대적으로 도움의 정도가 낮다고 분석한다(그림 7-3). 하지만 상대적으로 덜하다는 것일 뿐 대부분의 분야에서 AI는 도움이 된다.

물론 이들 산업 영역은 AI 기술의 발전 단계와 산업 영역에서의 적용 수준이 시간에 따라 달라지면서 앞으로 큰 변화가 생길 수 있다.

종합하면, 앞으로 AI 기술의 발전 정도에 따라 많은 변화가 있겠지만 AI가 일자리를 대체하기보다는 인간이 하는 일에 같이 활용되어 더 나은 가치를 창출한다고 보는 것이 합리적인 전망이다.

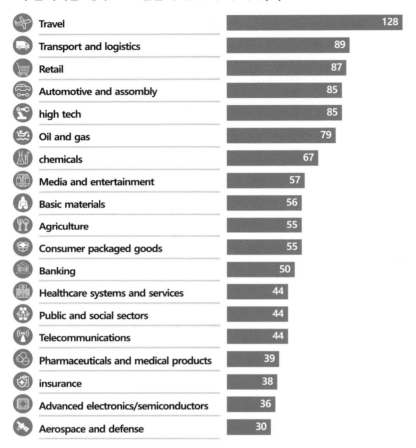

타 분석기술 대비 AI로 얻을 수 있는 추가 가치(%)

Travel		128
Transport and logistics		89
Retail		87
Automotive and assombly		85
high tech		85
Oil and gas		79
chemicals		67
Media and entertainment		57
Basic materials		56
Agriculture		55
Consumer packaged goods		55
Banking		50
Healthcare systems and services		44
Public and social sectors		44
Telecommunications		44
Pharmaceuticals and medical products		39
insurance		38
Advanced electronics/semiconductors		36
Aerospace and defense		30

그림 7-3 산업별 AI가 분석에 도움이 되는 가치의 정량적 수준 (출처: 맥킨지 글로벌 연구소 분석)

데이터 사이언티스트 역할: 김재연 박사

김재연: 저는 버클리에서 데이터 과학을 연구하고 있습니다. 주된 분야는 컴퓨터공학이 어떻게 정치학에 적용되는지입니다.

정지훈: 데이터 사이언티스트가 많아지고 있다고 들었습니다. 기업에서는 이 직군을 어떻게 바라보고 있나요?

김재연: 먼저, 데이터 사이언티스트가 하는 일이 기업과 학계가 조금 달라요. 기업에서 하는 것은 짧게 보고 무언가를 빨리해내는 게 중요하죠. 빨리 결정해야 하니까요. 학계에서는 시간이 오래 걸리더라도 정교하게 하는 게 중요합니다. 또 다른 차이는 학계에서 다루는 데이터, 특히 사회과학 분야의 경우 아직은 빅데이터가 아니에요. 100만 명 샘플 데이터로 연구하면 빅데이터라고 생각하지만 페이스북만 해도 몇십억 명의 인구가 사용하고 있거든요. 그 사람들은 하루에도 몇십억 명이 만들어내는 데이터를 가지고 작업하죠. 기업과 학계를 비교해보면 학계는 아직 빅데이터로 가지 못하고 있고, 기업은 빅데이터로 한참 넘어갔는데 아직 그것을 어떻게 제대로 다루어야 하는지 고민하고 있다고 봅니다.

정지훈: 그렇다면 학계와 산업계의 데이터 사이언티스트는 주로 어떤 일을 하나요?

김재연: 네, 학계에서는 연구를 할 경우, 본인이 데이터 수집하고 분석해서 발표합니다. 혼자서 다 하는 거죠. 가내수공업 아니면 중소기업 같은 모델입니다. 하지만 기업으로 넘어가면 큰 조직에서 공동으로 일하기 때문에 분업이 잘 되어 있어요. 그래서 데이터 사이언티스트라고 하면 한쪽에는 제품 만드는 사람들이 있고, 알고리듬을 짜고, 엔지니어링 하는 사람들이 있고, 다른 쪽에는 그것 가지고 물건을 팔고, 제품을 디자인하는 사람들이 있는데 데이터 사이언티스트는 그 사람들 중간에 있습니다. 데이터 사이언티스

트 중에도 어떤 경우에는 소프트웨어 엔지니어와 차이가 없기도 합니다. 데이터 사이언티스트로 일하다가 소프트웨어 엔지니어로 넘어가기도 합니다.

정지훈 : 두 개가 연결되는군요.

김재연 : 네. 그렇게 갈 수도 있고 아니면 분석 분야로 넘어가는 사람들도 있어요. 그 사람들은 통계학에 가까워요. 아니면 도메인 지식이라고 하는 사회과학 분야에 대한 지식을 바탕으로 조금 더 다양하게 데이터 사이언스와 관련된 문제를 해결하는 사람들이 있어요. 트랙이 여러 가지죠. 그리고 그 안에서 다양한 문제를 그때그때 주어지는 대로 푸는 데이터 사이언티스트가 있고, 특정 분야만 하는 이들도 있어요. 인사 분야라면 인사 쪽 데이터만 다루는 사람, 세일즈면 세일즈 쪽 데이터, 제품이면 제품 쪽 데이터만 다루면서 해당 분야의 스페셜리스트가 되는 거죠.

7-2
개인정보 보호

흔히 딥러닝을 이야기할 때 가장 중요한 것 중 하나가 데이터라고 한다. 그렇지만 이 부분에 대해서는 좀더 세심히 봐야 할 필요가 있다. 신경망의 크기나 알고리듬에 따라서 데이터 크기의 중요성이 달라지기 때문이다. 일반적으로 전통적인 머신러닝 알고리듬이나 통계학적 학습의 경우 데이터가 적어도 비교적 좋은 결과를 빠르게 내는 것으로 알려져 있으며, 데이터 양이 많아진다고 해서 성능이 반드시 좋아지는 것은 아니다.

이에 비해 신경망의 경우에는 크기가 크면 클수록, 데이터가 많으면 많을수록 대체로 결과가 좋아지며 성능이 향상되는 경향을 보인다. 단순히 데이터의 양이 많아야만 한다고 이야기하는 것은 옳지 않다. 물론 최근 신경망의 경우, 모델의 크기가 커지면서 데이터 크기가 커지면 성능이 좋아진다고 말하는데, 이것이 완전히 틀렸다고는 할 수 없다. 그렇지만 이런 경우에도 상용화를 할 때는 요구되는 컴퓨터의 연산양이 많아지고 그것이 속도에도 영향을 미치기 때문에, 적절한 신경망의 크기와 데이터의 크기는 상황에 따라 달라질 수 있다는 사실을 잊어서는 안 된다.

그림 7-4는 최근 구글이 공개한 머신러닝 코스 워크 중에서 문제의 프레임을 정의하는 부분이다. 머신러닝 기술 자체를 익히는 것도 중요하지만 상용화를 위해서는 그 밖의 다른 부분을 많이 이해해야 한다. 무엇보다 중요한 것이 머신러닝으로 풀어야 하는

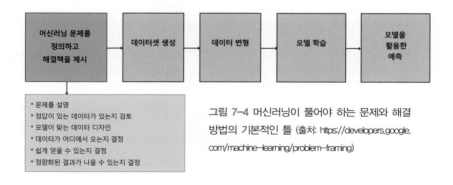

그림 7-4 머신러닝이 풀어야 하는 문제와 해결 방법의 기본적인 틀 (출처: https://developers.google.com/machine-learning/problem-framing)

문제를 정의하고, 어떤 종류의 정답이 달린 데이터가 있는지를 확인하며, 모델에 적합한 데이터를 디자인하고, 어디서 데이터를 얻을지 결정하며, 쉽게 얻을 수 있는 입력과 정량적 측정이 가능한 출력 등을 잘 정의하는 일이다.

이런 과정을 거쳐 데이터 세트를 먼저 만든 후 데이터를 적절하게 변형해서 모델을 학습시킨 다음에 AI 모델을 적용해 예측한다. 이런 프로세스가 AI 기술을 현업에 적용하는 전형적인 방식이다.

AI 연구와 상용화: 이찬우 전문가

정지훈 : AI 기술을 상용화하는 데 있어서 장애가 되는 부분이 매우 많지 않습니까? AI와 관련된 스타트업을 두 번째 하고 계시는데, 초기 오르비스 AI(현재는 LOVO로 사명이 변경)는 전형적인 스타트업 아니었나요? 이미 해봤기 때문에 느끼셨을 텐데요. 학교에서 연구할 때와 상용화할 때 뭐가 가장 달랐습니까?

이찬우 : 연구할 때는 사실상 성과 자체가 논문이다 보니까 성능만 잘 내면 되고, 거기에 집중하면 되는 상황이죠. 연산의 양만 잘 버텨주면 해볼 수 있는 게 많거든요. 그런데 상용화로 들어가는 순간 제가 컨트롤할 수 없는 부분이 아주 많아져요.

정지훈 : 구체적으로 어떤 부분일까요?

이찬우 : 기본적으로 모든 사람이 저희 서비스를 쓸 수 있어야 하죠. 그러려면 모든 사람이 저희 서버에 들어와서 안정적으로 시스템을 이용할 수 있어야 하는데, 유지 관리 측

면에서 매우 많은 리소스와 인력이 투입되는 부분이 있습니다. 스케일이 확실히 커지는 거죠.

정지훈 : 연구와는 다르죠.

이찬우 : 네. 연구는 제가 데이터 넣어서 결과를 내면 되는 수준인데요. 상용 서비스의 경우 많은 사람이 동시에 잘 사용할 수 있어야 하니까요.

정지훈 : 그게 또 몇 명이냐에 따라 다르죠?

이찬우 : 그렇죠. 누군가 외부인이 사용할 수 있게 하는 것부터가 출발인데, 이게 쉽지 않더라고요. 기본적으로 GPU 연산이 필요한 알고리듬, 특히 딥러닝 같은 경우에는 가장 대표적인 알고리듬인데 이런 연산의 경우 너무 비싸요. 제가 서버를 다 구성한다고 하면 몇천만 원에서 몇억 원씩 들 수 있는 서버 비용을 감당해야 하거든요. 그래서 클라우드를 사용하기도 하죠. 하지만 클라우드에서도 시간당 몇백만 원이 들기도 하고 최소한 몇십만 원 수준이 기본이다 보니 수지타산 면에서도 어려운 부분이 많죠.

정지훈 : 흔히 서버가 터진다고 이야기하는데요. 그렇지 않아요?

이찬우 : 그것도 있어요.

정지훈 : 학습을 도저히 견디지 못하고 컴퓨터가 뻗어버리는 일도 있잖아요?

이찬우 : 네, 그건 연구 과정에서도 생기는 이슈인데요. 아무래도 상용 플랫폼으로 가면 더 빈번히 일어나고 훨씬 큰 이슈로 번지죠.

그렇지만 때때로 기대와 현실은 무척 다르다. 연구자들처럼 최적의 AI 모델을 테스트하고 최신의 이론을 적용할 것 같지만, 실제 현실에서 하는 일은 어떻게 데이터를 모을 것인지부터 시작해서 설정값을 바꾸고, 데이터가 정확한 것인지 확인하고, 사용할 수 있는 컴퓨터가 얼마나 되는지 기다리거나 컴퓨터에서 발생한 문제를 해결하며, 지속적으로 모니터링하면서 이상한 문제는 없는지 기다리며 시간을 보낸다. 이런 작업을 효과적으로 하기 위해 다양한 분석 도구, 프로세스 관리 도구, 서비스 인프라 등을 잘 정하고 활용하는 것이 현실 서비스에서는 머신러닝 모델을 잘 만드는 것보다 중요할 수 있다.

이 중에서도 가장 귀찮으면서도 중요한 것이 데이터를 모으고, 데이터에 좋은 레이블을 붙이는 작업이다. 이는 생각보다 쉽지 않은 일이라서 이 작업만 전담하는 플랫폼 기업들이 등장하기도 한다. 국내에서는 크라우드웍스가 대표적이다.

데이터를 모으고 적절한 레이블을 붙이는 작업자와 이들의 작업을 관리하고 검수하는 시스템을 오픈 플랫폼으로 만들어 양질의 데이터를 기업에 공급한다. 물론 이 작업에도 AI 기술이 활용되기도 하지만 AI 기술을 제대로 활용하기 위해서는 데이터에 대해 이해도를 높이고, 좋은 데이터를 만들고 확보하기 위한 노력을 게을리하면 안 된다. SK C&C가 만든 인공지능 에이브릴을 기억하는가? 이것은 IBM의 인공지능 기술인 왓슨을 라이센싱해서 한국어 버전으로 만든 서비스이다.

이 경우에도 왓슨의 서비스를 제대로 돌리기 위해 한국어 학습을 위한 데이터 수집이 필요했다. 이때도 크라우드웍스와의 협력을 통해 좋은 한국어 데이터를 많이 모아 학습했다. 에이브릴 서비스의 탄생은 단순히 AI 기술만 있다고 탄생할 수 있는 것이 아니다.

데이터가 중요하다면 스마트폰을 활용해서 사진도 찍을 수도 있고 위치 정보와 거래 정보도 활용할 수 있다. 이렇게 고급 데이터를 잘 활용해서 학습한다면 생각보다 많은 일을 할 수 있다. 중국의 위챗은 이런 데이터를 잘 활용한 기술을 많이 사용하는 것으로고 알려졌는데, 중국이 AI 슈퍼파워라고 불리는 이유가 데이터를 마음대로 활용하고 학습할 수 있는 기회가 많아서이다(최근에는 중국에서도 강력한 개인정보보호법이 시행되기 시작했다). 이에 비해 한국은 개인정보보호법이 강력해서 실제 작업할 때 어려움이 만만치 않다. 그렇다고 새로운 학습을 하지 못하도록 해서 AI 기술의 발전이 저해된다면 손해가 막심할 것이다.

이런 문제를 어떻게 해결하면 좋을까? 물론 중국처럼 데이터의 산업적 가치를 중시하면서 상대적으로 개인정보보호에 대한 보호 수준을 낮추는 방법이 있을 수 있다. 그렇지만 이런 식의 접근은 아마도 가장 낮은 수준의 대응 방법이고, 유럽처럼 개인정보를 보호하려는 움직임인 GDPR(General Data Protection Regulation)과 같은 규제가 생긴다면 만들어진 서비스와 기술을 활용조차 할 수 없는 상황에 직면할 수 있다. 따라서 최대한 개인정보를 지키면서도 학습 가능하게 만드는 기술이 중요해진다.

이런 문제를 풀기 위한 솔루션은 무엇일까? 데이터의 프라이버시와 개인정보를 지키면서도 우리가 필요로 하는 데이터에 대한 학습을 가능하게 하고 성능을 향상시키는 일이 가능할까?

이 문제에 대해 가장 많이 고민하고, 해법을 내놓은 기업이 구글이다. 구글이 발표한 연합학습(Federated Learning) 기술(그림 7-5)이 어느 정도 이 문제에 대한 해법이 될 것으로 기대되는데, 이 기술은 스마트폰의 개인정보처럼 개인이 소유하고 있으면서 외부에 공유해서는 안 되는 데이터를, 외부로 유출시키지 않으면서, 학습할 수 있도록 만든 것이다.

스마트폰에 들어 있는 데이터에 대한 학습, 학습된 AI 모델에 대한 적용 등은 해당 스마트폰 내에서만 할 수 있어야 한다. 수많은 스마트폰에 있는 개인의 데이터에 직접 접근하지 않고 학습 가능한 구조를 제시하는 것이 이 모델의 핵심 아이디어다. 전체

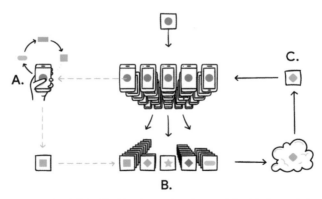

그림 7-5 구글이 제시한 연합학습 이론. A의 스마트폰 내의 데이터는 독자적으로 학습되고 활용되지만 개인정보의 추출이 불가능한 학습된 중간 데이터들을 모아서 B에서 연합하여 학습하고, 여기에서 얻어진 업데이트된 학습 모델 데이터인 C를 각각의 스마트폰에 업데이트한다. (출처: https://ai.googleblog.com/2017/04/federated-learning-collaborative.html)

적으로 복잡하고 큰 모델이 될 수밖에 없지만, 구글과 같은 대기업에서는 프라이버시를 제대로 보호하는 것이 중요하므로 이런 정도의 보완은 필수이다.

핵심은 어느 정도 학습이 가능한 기기에서 학습된 것만 보내는 것이다. 그러면 학습된 신경망 은닉층에 있는 데이터의 경우, 여러 가지 실제 데이터가 뭉개지고 학습되므로 개인의 데이터가 어떤 것인지 알 수 없다. 이런 부분들을 모아 중앙 서버에서 전반적으로 학습을 진행하면 AI 모델이 업데이트되고 성능이 업그레이드된다. 이렇게 전반적인 학습이 이루어지게 하기 위해서는 비교적 작은 모델을 각각의 기기에 제공해서 해당 기기에서만 학습할 수 있도록 하며, 학습된 신경망 은닉층의 일부 데이터만을 넘겨받아 바른 판단을 내릴 수 있도록 해야 한다. 이런 것을 가능하게 만들어 주는 기술이 연합학습이다.

이는 각각의 디바이스에 데이터가 저장되고 이를 이용해서 학습된 모델을 모두 연합해서 새로운 모델을 만들 수 있기 때문에 현재로서는 최선의 접근 방법인 것으로 알려졌다.

왜 딥러닝은 잘되는가: 이찬우 전문가

정지훈 : 사람들은 딥러닝 기술이 갑자기 나와서 아주 잘 활용되고 있다고 말하는데요.

도대체 딥러닝이 왜 잘되는 겁니까?

이찬우 : 사실 딥러닝이 왜 잘되는가에 대한 대답은 전 인류가 어려워하는 문제입니다. 연구가 본격적으로 시작된 지 불과 몇 년 안 되었거든요. 아직도 활발하게 연구된 지 10년 정도밖에 되지 않기 때문에(2012년 이미지넷 챌린지를 기점으로 생각하면) 여기에 대해 누구도 명확히 설명하지 못하고 있어요. 하지만 실험적이거나 결과론적인 분석은 많이 이루어지고 있는데요. 이런 것을 연구하는 분야도 있죠. 보통 Explainable AI(약자로 XAI라고 쓴다), 즉 설명가능한 AI라고 하는데요. XAI의 경우 연구 가치가 굉장히 높다고 생각해요. 비유하자면 미지의 세계를 모방한 컴퓨터 기술 자체가 일종의 미지의 세계가 된 셈인데 이것을 우리가 제대로 이해하고 컨트롤할 수 있다면 데이터가 훨씬 적어도 되고, 비용을 최적화할 수 있는 길이 열리게 되죠. 한국 연구자들이 여기에 뛰어들어 XAI와 관련한 여러 기술을 보여준다면 전 세계의 주목을 받을 수 있을 것입니다.

7-3
해석가능성

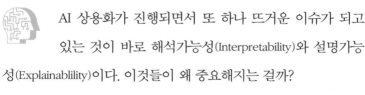 AI 상용화가 진행되면서 또 하나 뜨거운 이슈가 되고 있는 것이 바로 해석가능성(Interpretability)와 설명가능성(Explainablility)이다. 이것들이 왜 중요해지는 걸까?

AI의 성능이 좋아지지 않으면 기본적으로 고민할 필요가 없는

이슈다. 예를 들면, 필자가 투자한 AI 스타트업 중에서 세계적인 수준에 올라있는 헬스케어 AI 기업 루닛이 있다. 루닛이 개발한 AI 소프트웨어 중에서 흉부 엑스레이에서 폐암을 찾아내는 것이 있는데, 이 소프트웨어가 암의 병변을 찾아내는 검출률이 영상의학과 의사보다 높다. 이해하기 쉽게 인공지능이 90%를 찾아내고 영상의학과 전문의가 80%를 찾아낸다고 하자. 보통의 논문에서는 이런 경우 영상의학과 의사보다 AI가 더 잘 찾아낸다고 결론 내고 끝나지만, 이 기술을 상용화하기 위해서는 식품의약품안전청의 허가를 받아야 한다.

이제 식약청 담당자 입장에서 생각해보자. 담당자에게 그런 요청이 오면 어떤 것을 물어볼까? 가장 먼저 임상시험 같은 상황에서 일관되게 좋은 결과가 나오는지를 검증할 것이다. 그런 부분은 일단 충족되었다고 하자. 그다음 질문은 무엇일까? 왜 AI가 이렇게 좋은 결과를 내는지 물어본다. 이에 대한 답은 현재로서는 '잘 모르겠습니다'이다.

이 경우는 그나마 낫다. 일관되게 좋은 결과가 나온다면 그 이유를 잘 몰라도 허가를 내줄 수 있으니까. 이런 질문은 어떨까? 인간 의사 10%가 틀렸는데 인간 의사라면 틀린 케이스를 다시 보면서 왜 틀렸는지 알 수 있다. AI에게 "이것이 왜 틀렸습니까?" 라고 물으면 어떻게 답을 할까? 현재는 대부분의 딥러닝 모델에 대한 해석이 어렵기 때문에 AI는 "왜 틀렸는지 잘 모르겠습니다"

라고 대답한다. 이런 경우라면 심각하다고 판단할 수 있다. 상황에 따라서는 틀린 이유를 설명할 수 있어야 한다.

물론 설명이 어렵거나 해석이 불가능하다고 해서 사용되지 말라는 법은 없다. 실제로 많은 의약품이 아직도 어떤 원리로 동작하는지 잘 모르지만 일관된 과학적 결과를 가지고 사용승인을 받고 있다. 그렇지만 해석이나 설명이 어려운 기술은 그렇지 않은 기술에 비해 사회가 수용하는 데 있어서 일종의 핸디캡이 있음은 분명하다. 따라서 해석가능성과 설명가능성은 우리 사회가 AI를 받아들이는 데 중요한 요소다.

해석가능성이 중요하다고 여겨지는 이유는 AI가 왜 이런 결정을 내렸는지 설명할 수 있어야 하기 때문이다. 특히 자율주행 자동차나 의료 행위와 같이 잘못된 판단의 결과가 큰 위험을 초래하는 경우, 얼마나 안전한지 측정하고 테스트할 수 있어야 하므로 해석가능성이나 설명가능성의 중요도가 더욱 커진다.

은행 대출 부서에서 AI가 대출 여부를 판단한다고 해보자. 이 경우 AI가 혹시라도 데이터 바이어스(Bias, 편견)에 따른 잘못된 판단을 내렸을 가능성이나 공정성에 있어서 큰 문제가 없었는지 반드시 검토해야 하고, AI가 내린 판단에 대해서도 당사자들이 이해할 수 있는 설명을 넣는 것이 중요해진다. 인간은 본질적으로 이해하지 못하는 기술에 대한 두려움이 있기 때문에, 이런 경우 사회적 규제를 도입하는 것이 매우 자연스럽다. 이 문제를 극복하기 위해서도 해석가능성은 중요하다. 더 나아가 해석가능성과 설명가능성은 AI가 내린 결정에 대해 인간을 설득하는 데에도 도움이 된다. 틀린 결정을 했더라도 해석가능성이 있으면 왜 틀렸고 어디가 틀렸는지 찾아볼 수 있음으로 해당 기술에 대한 신뢰도가 높아진다.

이외에도 차별적인 부분은 없는지, 공정한지, 민감한 정보를 보호하는지, 프라이버시 문제는 없는지, 원인과 결과의 관계를 파악할 수 있는지 등에도 해석가능성과 설명가능성과 관련한 기술이 도움을 준다.

해석가능성이란 무엇일까? 글자 그대로 해석할 수 있다는 의미로 이해되지만, 현재 이 분야의 연구를 가장 활발하게 진행하고 있는 구글의 AI 조직 중 하나인 PAIR의 빈 김이 2017년 ICML 학회 워크숍에서 설명한 정의가 가장 단순하면서도 직관적이다. AI 기술이 인간사회에 적용될 때 발생할 수 있는 여러 가지 문제 해결에 필요한 인간과 AI 사이의 상호작용을 연구하는 구글 PAIR에서, 그녀는 해석가능성을 '인간에게 설명하는 프로세스'라고 정의했다.

사실 AI의 결정 근거가 되는 데이터와 신경망에 들어가 있는 데이터는 완벽하고 투명하게 관찰된다. 그래서 블랙박스라는 표현은 틀렸다. 모든 것을 훤하게 다 볼 수 있는 데이터 박스를 어떻게 블랙박스라고 부를 수 있는가? 오히려 모두 다 볼 수 있으니 투명박스라고 부르는 것이 더 타당하다. 다만 문제는 데이터가 너무 많아서 이들의 관계를 인간의 인지능력으로는 제대로 파악할 수 없다는 사실이다.

컴퓨터가 해석할 수는 있어도 인간은 그 많은 데이터를 보고 해석할 수 없기 때문에, 컴퓨터에게 "우리에게 쉽게 설명을 해줘"라고 요구해야 한다. 마치 조금 어려운 AI 관련 지식을 필자가 이 책을 읽고 있는 많은 독자에게 최대한 쉽게 이해할 수 있게 설명하려고 노력하는 과정에서 이해하는 독자들이 늘어나는 것처럼, 컴퓨터에게 AI 기술이 어떻게 동작한 것인지 잘 해석해서 알려달라고 요구하는 것이다.

그렇다면 해석가능성이 항상 필요할까? 그렇지는 않다. 이 기능을 AI에 집어넣는 것 자체가 일종의 오버헤드(Overhead)이기 때문이다. 해석가능성 자체가 그다지 중요하지 않다거나, 해당 문제가 이미 잘 알려져 있어서 특별히 설명하지 않아도 된다거나, 해석가능성이 있어서 시스템에 대한 이해도가 높아지고 이를 이용해 어뷰징(Abusing)이 발생하고 시스템을 속이려는 일이 발생하는 등의 경우에 문제가 될 수 있는 것이다.

이런 일이 특히 많이 발생하는 분야가 게임이다. 게임에서 AI가 어떻게 동작한다는 것을 알고 있으면 그것을 활용해서 해킹을 할 수도 있기 때문이다. 이보다 더 심각한 것은 신용 평가, 인사 추천, 범죄와 관련된 판단이다. 이런 분야에서 사용되는 AI의 판단 알고리듬을 이해할 경우 자기에게 유리하게 쓰는 사람들이 등장하면서 해석가능성의 부작용이 커진다.

중요한 것은 해석가능성이 앞으로 상용화에 상당히 중요하다는 것을 이해하자는 것이지, 항상 써야 한다는 말은 아니다. 장점과 단점을 잘 생각해서 적용해야 한다.

최근 중요한 AI 이슈: 뉴욕 로컬 기업 사업가

프라산트 수다카란(AiNGEL 공동창업자) : 데이터를 중요한 입력 수단으로 사용할수록, 그 플랫폼은 손상될 확률이 높아집니다. 예를 들어 당신이 어떤 서비스를 운영하는데 그 서비스에서 수많은 사람이 활용할 수 있는 모델을 학습시키려면, 수년 이상이 걸릴 수 있습니다. 이런 과정에 악의적인 행동이 있어서 가짜 데이터가 플랫폼에 들어오는 경우에 어떤 일이 벌어질까요? 그리고 이런 일을 어떻게 감지할까요? 그것이 최종적인 모델 등을 만들 때 문제가 생기지 않도록 막아야 하는 이유입니다.

기드온 멘델스(CometML의 공동창업자) : 모델에 대한 신뢰가 있다면 AI의 판단에 동의할 수밖에 없습니다. 데이터에 문제가 있든, 나쁜 행위자가 있든, 누군가의 실수가 있더라도 모델의 예측을 신뢰할 수 있어야 합니다. 그래서 설명가능성이 중요합니다. 모델이 어떻게 작동하는지, 어떤 방법으로 결정했는지를 설명해야 합니다. 기업이 AI를 활용하는 경우라면 비즈니스 의사 결정에 설명가능성이 더욱더 중요해집니다. 흥미로운 점

은 저희가 10년 전까지 사용해왔던 전통적인 방식의 머신러닝 모델이 많이 활용되고 있

다는 사실입니다. 대부분은 이런 모델을 활용해서 어느 정도 설명이 가능합니다. 어떤

기능이 최종 예측에 어떻게 영향을 주었는지 확인할 수 있습니다. 하지만 최근 유행하

는 딥러닝 모델의 경우 기술 자체는 엄청나게 진보했지만 본질적으로 블랙박스처럼 행

동합니다. 문제는 저희가 딥러닝의 예측이 어떻게 만들어졌는지 잘 모른다는 점입니다.

따라서 연구 관점과 산업적 관점에서 모두 설명가능성 분야에 더 많은 시간을 투자하고

연구해야 할 필요가 있습니다.

해석가능성이 먼저 이슈화 되기는 했지만 XAI(Explainable AI, 즉 설명 가능한 AI)라는 표현도 많이 사용되고 있다. 최근들어 미국 국방성 최고 연구기관인 DARPA에서 공식용어로 사용하기 시작했고, 일반인들도 자연스럽게 받아들이고 있다.

해석가능성과 설명가능성의 차이에 대해서도 여러 가지 설명이 있다. 예를 들면, 리차드 같은 "해석가능성이 왜 그런지는 몰라도 되는 상황에서 어떤 방식으로 구별되는지를 알 수 있게 하는 종류의 기술이라면, 설명가능성은 무슨 일이 일어나는지를 설명하기 위한 것이다"라고 구분한다. DARPA의 XAI에 대한 설명문에는 기존의 AI 모델에 설명 가능 모델과 설명 가능 인터페이스를 추가한 확장된 AI 아키텍처를 설명 가능한 AI라고 말하고 있다(그림 7-6).

필자는 개인적으로 해석가능성과 설명가능성의 가장 큰 차이

를 '사용자'에 대한 고려라고 본다. 해석가능성은 사용자를 고려하지 않는 기술이다. 중요한 것은 예측과 결정을 한 AI 모델이 '왜' 그런 결정을 내렸는지 적당한 인터페이스와 모델을 이용해 보여주는 것이다. 그렇게만 한다면 해석가능성이 충족되었다고 말할 수 있다.

설명가능성은 여기에 '사용자'를 고려한다. 모델에서 '무엇'을 학습했는지가 더 중요하고, 가능한 여러 가지 해석가능성 중에서 사용자에 따라 적합한 것이 선택되었을 때 설명가능성이 확보된다. 예를 들어, 폐암을 진단하는 AI의 설명가능성은 그 사용자가

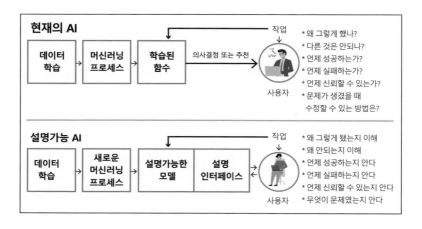

그림 7-6 DARPA에서 제시한 기존 AI 모델과 XAI 모델의 차이. 설명 가능 모델과 인터페이스가 추가되어 있는 것을 확인할 수 있다. (출처: https://www.darpa.mil/program/explainable-artificial-intelligence)

환자일 때, 의사일 때, 영상의학과 전문의일 때 각각 달라질 수 있다. 전문가에게는 전문가가 이해하기 쉬운 수치와 특징을 보여 주는 것이 더 '설명가능한' 모델이지만, 환자들은 그것을 보고 전혀 이해하지 못할 수 있다. 사용자의 눈높이에 맞춰 더 나은 해석 가능성 모델이 달라질 수밖에 없다.

해석가능성은 크게 세 가지 유형으로 분류된다. 첫 번째는 인간이 결정을 내릴 수 있도록 도와주는 것이다. 이를 위해서는 다양한 종류의 설명이나 데이터를 인간에게 제공해야 한다. 두 번째는 인간을 이해시키는 것이다. 다시 말해, AI가 내린 결정을 인간이 이해할 수 있게 AI가 직관적으로 설명하는 것이다. 마지막 유형은 인간과 AI가 지속적인 상호작용을 하면서 인간을 이해시키는 프로세스이다. 챗봇이나 사용자 인터페이스를 제공해서 인간이 이해할 수 있을 때까지 알려주는 것이 이런 유형의 해석가능성 기술이 추구하는 방향성이다.

좀 더 구체적으로 어떻게 해석가능성을 구현할 수 있는지 사례를 통해 알아보자. 그림 7-7은 구글 PAIR 팀이 제공하는 'Facets' 이라는 도구로, 직관적이고도 편리한 사용자 인터페이스를 통해 데이터가 가지고 있는 특징을 쉽게 분류하고 처리할 수 있도록 했다. 이런 종류의 해석가능성 도구는 아직 AI 모델을 만들기 전에 데이터의 특징을 전반적으로 파악하고 이해하게 만드는 데 도움이 된다.

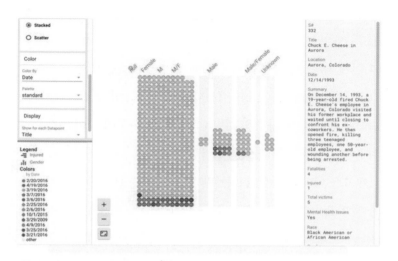

그림 7-7 구글의 PAIR 팀에서 공개한 Facets라는 도구. 데이터의 특징을 매우 쉽게 파악할 수 있는 다양한 인터페이스들을 제공한다.

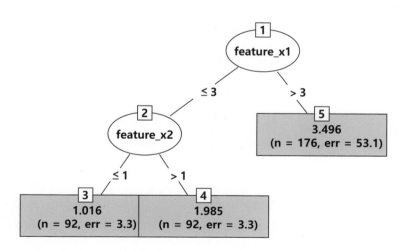

그림 7-8 전형적인 의사결정 나무의 형태 (출처: https://christophm.github.io/interpretable-ml-book/tree.html)

해석가능성에 전형적으로 사용된 기술은 의사결정나무 (Decision Tree)이다(그림 7-8). 나뭇가지 형태로 판단을 내린 확률과 언제, 어떻게, 어떤 수치에 의해 결정을 내렸는지 등을 보여줄 수 있어서 과거부터 많이 사용되는 해석가능성 관련 기술이다. 딥러닝 같은 것도 판정을 내릴 때 의사결정나무에 넣어 해석하면 최소한 판단을 내린 경로를 파악할 수 있다.

케이스 기반으로 설명하는 방법도 있다. 그림 7-9에서 보여주는 방법은 'LDA(Latent Dirichlet Allocation)'와 'BCM(Bayesian Case Model)'이라 불리는 것으로, 세 가지 그룹의 AI가 어떻게 분류되는지를 설명한다. LDA 모델은 주요 특징에 대한 주된 확률과 특징을 같이 설명한다. 그림 7-9에서 1번 그룹의 경우 녹색, 사각형, 동그란 눈을 가졌다는 식이다.

이에 비해 BCM에서는 대표적인 프로토타입 하나를 골라서 대표 케이스를 보여준다. 그리고 서브 공간으로 컬러나 형태 중 어떤 것이 중요하다는 식으로 설명한다.

이미지 인식과 관련한 경우에는 그림 7-10처럼 히트 맵(Heat Map)이나 어텐션 맵(Attention Map)을 이용하는 것이 유용하다. 또는 딥러닝 네트워크의 은닉층 데이터를 시각화해서 어디에서 무엇을 검출하는지 보여주는 것도 도움이 된다. 어텐션 맵의 경우 진하게 표시된 부분과 실제 답변이 다르면 이상한 결정을 내린 것으로 생각할 수 있다.

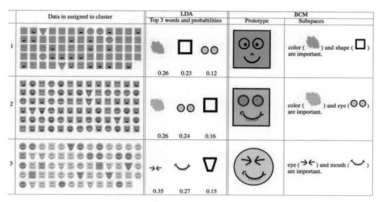

그림 7-9 LDA와 BCM 모델 (출처: https://arxiv.org/abs/1503.01161)

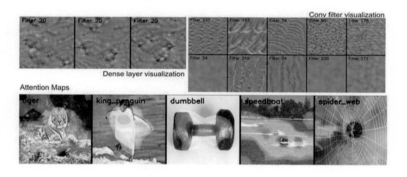

그림 7-10 다양한 데이터 시각화와 어텐션 맵 (출처: https://github.com/raghakot/keras-vis 그림 아래에 캡처로 링크 삭제)

예를 들어 하단 왼쪽에서 네 번째 보트로 판정한 어텐션 맵의 경우 '보트'로 판정해서 맞춘 것으로 생각할 수 있지만, 정작 어텐션을 가져간 곳은 보트가 아니라 보트 옆에 나타난 하얀 물보라인 것을 확인할 수 있다. 이 경우 해당 AI 모델이 보트를 판정할 때 보트의 형태보다는 보트가 지나갈 때 생기는 물보라를 보고 학습해서 판정한다는 것이다. 물보라가 없이 정박해 있는 보트의 이미지를 제시할 경우, 제대로 판정하지 못하리라 추측할 수 있다. 이 경우 테스트를 통해 오류를 확인하고 경우에 따라서는 새로 학습시켜야 한다.

이처럼 해석가능성과 설명가능성에 관련된 기술도 다양하게 등장하고 있고, 기술의 중요성도 점점 높아지고 있다. 이처럼 상용화가 진행될 때는 필요한 기술의 목록도 달라진다.

7-4
공정성·책임성·투명성

해석가능성과 함께 AI가 의사결정에 참여하기 시작하면서, 데이터로 인해 발생하는 AI 편견도 중요한 문제가 된다. 가장 유명한 사건이 영화 〈마이너리티 리포트〉에서 나온 것으로, 범죄의 가능성을 예측해서 예방한다는 프리크라임(pre-crime) 시스템에서 착안한 연구이다. 범죄자의 머그샷 사진과 이후 재범 여부를 가지고 학습시킨 딥러닝 모델로, 이 모델에 테스트 이미지 머그샷을 넣었을 때 90% 이상 재범 여부를 예측할 수 있다고 한다.

영국의 일간지 《가디언》에서 이 연구에 대해 비판적으로 조사한 결과 흑인 머그샷을 넣으면 백인보다 재범률이 높게 나타나는 것을 알아내고 이에 대한 문제를 제기했다. 《가디언》에서 중요하게 언급한 문장은 다음과 같다.

"비록 신경망이 자신의 프로그램을 직접 쓴다고 해도, 결국 그들이 해결하려는 목표는 인간이 설정하는 것이고, 인간의 의도로 모여진 데이터를 활용해 만드는 것이다. 만약 데이터가 한쪽으로 치우쳐 있다면, 그것이 비록 실수라고 하더라도, 컴퓨터는 불공정함을 증폭하게 된다."

AI의 공정성을 연구한 유명한 학자로 뉴욕대학교의 AI나우연구소를 공동으로 설립한 케이트 크로퍼드 교수가 있다. 그녀는 세계 최대 인공지능 학회 중 하나로 최근에는 NeurIPS로 개명한 NIPS의 2017년 행사에서 '편견에 의한 문제(The Trouble with Bias)'라는 매우 유명한 키노트 강연을 통해 단숨에 AI의 공정성과 데이터 편견에 관한 이슈를 AI 사회 전반에 던졌다(그림 7-11).

"기술적 문제로 편견을 고려할 때, 이를 처리하기가 쉽지 않음을 알 수 있다. 우리는 이미 전체 그림의 일부를 놓치고 있다. 시스템의 편견은 보통 우리의 편견과 학습 데이터를 통해 발생하고, 이런 편견에 기반한 차별의 오랜 역사를 가진 세계에서 데이터를 모으고 있다. 이런 시스템의 기본적인 성향은 결국 가장 어

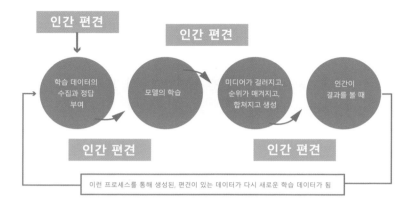

그림 7-11 인간의 편견이 시스템을 통해 확대되는 과정 (출처: http://fatml.mysociety.org/media/documents/2017_margaret_mitchell_seen_and_unseen_factors_influencing_knowledge_in_ml_systems.pdf)

두운 편견을 반영한다.”

그녀가 가장 큰 문제로 제기한 것은 프로세스를 통해 편견을 가진 데이터가 생성되고, 이것이 학습 데이터가 되면서 사회 전반에 편견을 증폭시킬 수 있다는 것이다. 학습을 위해 데이터를 모으고 레이블을 붙이는 과정에서 인간의 편견이 가미되고, 모델이 학습할 때도 편견이 들어가며, 이 결과를 미디어가 인간의 편견에 맞춰 필터링하고 순위(rank)를 매기고 모으면 사람들이 그 결과를 보고 또다시 편견을 갖게 되고, 그 사람들이 다시 학습데이터를 만들 때 편견이 들어가는 식으로 계속 증폭된다면 큰 문제가 아닐 수 없다.

이 과정에서 데이터를 수집하고 레이블을 붙이는 동안 다양한 인간의 편견이 개입한다. 데이터 자체에도 데이터를 고르고 리포트할 때 갖고 있는 선입견이 있을 수 있고, 역사적으로 꾸준히 존재해온 불공정성, 지나친 일반화, 동일한 특성 그룹에 의한 편견, 과거의 경험 등이 데이터에 삽입될 수 있다. 동시에 데이터를 모으고 레이블을 붙일 때도 샘플링을 잘못하거나 확률을 과소평가하고, 확증 편향, 샘플 크기에 대한 무감각, 그룹 내에서의 편견, 실험자의 편견, 자의적인 해석 또는 정당화, 유효성에 대한 착각, 자동화 편견 등이 이를 처리하는 과정에 개입될 수 있다는 것도 반드시 인지해야 한다.

중요한 것은 이런 편견의 존재를 이해하고 이를 교정하려는 노력이다. 특히 편견이 주는 위해를 제대로 이해해야 한다. 대표적인 위해는 '할당에서 오는 위해'와 '대표성에서 오는 위해'를 꼽을 수 있다. 할당에서 오는 위해로는 의사와 간호사에 대한 편견이 있다. 위키피디아나 책을 학습시키고 글을 쓰는 AI를 만든다고 가정하자. AI는 'He is a……'로 시작되면 의사를, 'She is a……'로 시작되면 간호사를 완성어로 추천할 가능성이 크다. 그동안의 글이나 문학 작품에서 그렇게 묘사된 경우가 많았고 이런 편견을 AI가 학습했기 때문이다.

어떤 특정한 사람의 인간성을 인지하는 것에 실패할 수 있다는 점, 특정한 문화나 인종이 환영받지 못하는 것과 관련하여 발생하는 편견도 있다. 흑인에 대한 재범률 예측이 이 경우에 해당한다. 대표 데이터가 적어서 발생하는 편견도 있다. AI가 '여성 CEO는 경영을 잘할 것인가'라는 예측을 하는 경우, 여성 CEO에 대한 긍정적인 평가가 잘 나오지 않는 경우가 있다. 이는 여성 CEO에 대한 샘플 자체가 적은데도 적은 샘플의 CEO나 경영진 일부의 실수가 증폭되어 AI가 잘못 판단할 수 있기 때문이다.

AI 편견의 결과로 한정된 자리에 대한 할당을 잘못한다면 큰 문제가 아닐 수 없다. 예를 들어, 특정 일자리에 적합한 사람을 뽑거나, 승진할 사람을 고르거나, 신용도를 판정하거나, 범죄율을 예측하거나 하는 작업의 경우 모두 자리에 비해 지원자의 수가 많을 때 적절한 할당을 할 수 있는가에 관한 문제가 생긴다. AI가 편견에 의해 잘못된 판정을 하는 경우, 할당을 잘못하므로 이를 '할당의 위해'라고 부른다. 이런 종류의 위해를 해결하기 위해서는 정확도를 높이고 최대한 공정하게 만들기 위해 계산식을 추가하는 방안이 있을 수 있다. 하지만 이보다 중요한 것은 편견 자체에 대한 이해도를 높이고 취업, 범죄, 신용 평가, 범죄 이력 등 되도록 편견에 의한 결과가 문제가 될 가능성이 큰 곳에는 AI에 대한 충분한 고려나 이해 없이 사용하지 말아야 한다.

대표성과 관련한 위해도 큰 문제가 될 수 있다. 이런 위해는 개인 맞춤형 기술이나 추천 기술에서 주로 발생한다. 데이터를 통해 AI가 각 개인의 취향을 대표하면 AI 취향에 해당하는 작품, 의견, 결정을 계속 보게 된다. 이에 따라 AI가 대표하여 결정한 편견에 개인이 영향을 받으면서 각 개인이 AI에게 주는 데이터 역시 편견을 갖게 되는 것이다. 결국 이런 과정을 거치면서 편견은 증폭된다. 예를 들어, 정치적 성향이 한쪽으로 치우친 영상을 한두 개 봤더니 AI가 그런 영상을 계속 추천하고, 그런 영상을 자꾸 보다 보니 본인의 정치적 성향이 그 방향으로 더욱 쏠려 영상을 더 자주 본다면 자신의 의도와는 달리 AI의 선택 때문에 자신의 정치적 성향이 한쪽으로 더욱더 치우치는 결과가 나타난다.

개인뿐 아니라 집단에서도 비슷한 상황이 발생할 수 있다. 예를 들어, 데이터의 편견에 의해 특정 지역이나 성별에 대한 취향이 추천된다면, 해당 집단의 대표성을 AI가 결정하는 셈이 되고, 이런 경향성이 다시 증폭된다. 예를 들어, 여성이 좋아하는 영화와 남성이 좋아하는 영화가 있는데 사용자의 성별에 따라 해당 성별이 좋아하는 취향을 추천하고, 이런 것을 계속 보다 보면 자신도 모르는 사이에 AI가 학습한 남성 또는 여성의 대표성 편견에 의해 자신의 취향이 조종될 수 있다. 그렇다면 과연 나는 나의 의지대로 AI의 도움을 받아 판단한 것인가? 아니면 AI가 판단한 것에 내가 좌지우지된 것인가? 이런 문제에도 불구하고 대표성 위해는 할당 위해처럼 승진 탈락이나 신용 평가가 낮아지는 것을 비롯하여 직접적인 위해가 안 되는 것으로 간주되어 간과되기도 한다.

대표성의 위해는 기술적으로 해결할 수 없는 부분도 적지 않다. 일단 수가 적고 모집할 충분한 기회가 없는 데이터라면, 자원을 적절히 할당해서 편견을 해소할 수 있는 풍부한 데이터를 얻기 위해 노력해야 한다. 보다 근본적으로는 장기적으로 우리의 믿음이나 태도를 바꾸기 위해 의식적인 노력을 기울여야 한다. 예를 들어, AI가 추천하지 않는 것 중에서 적극적으로 본인이 원하는 것을 찾아보고, 반대편의 취향도 의식적으로 찾아보는 행동을 통해 대표성의 위해에서 벗어나려는 노력이 필요하다.

하지만 가장 근본적인 대책은 우리 사회가 편견이 없는 사회로 바뀌는 것이다. 사회적 편견이 많으면 AI도 편견을 배울 수밖에 없다. 결과적으로 사회적 편견이 없어져야 AI도 편견이 없어진다. 이 목표를 위해 우리가 모두가 노력하는 과정에 있다 하더라도 AI가 다양한 종류의 편견으로 인해 나쁜 결정을 내릴 수 있다는 사실을 충분히 인지하고, 이에 민감하게 대처하며, 필요한 AI 기술을 적용하는 지혜가 필요하다.

8장

AI 인간으로, 더 인간으로

8-1
일반인공지능과 뇌−기계 인터페이스

AI의 미래와 관련한 또 다른 중요한 이슈는 일반인공지능으로의 발전을 위한 다양한 노력이다. 또한 일론 머스크의 주장으로 관심도가 높아진 뇌와 기계의 인터페이스 관련 기술도 머지않아 중요한 이슈가 될 것으로 보인다. 이번 장에서는 일반인공지능과 뇌−기계 인터페이스(Brain-Machine Interface)에 관해 알아본다. 일반인공지능과 관련한 주제로 들어가기 전에 먼저 인공지능을 크게 분류해보자.

영국의 닉 보스트롬은《슈퍼인텔리전스》라는 책에서 인공지능을 약인공지능(Artificial Narrow Intelligence, ANI), 일반인공지능(Artificial General Intelligence, AGI), 초인공지능(Artificial Super Intelligence, ASI)로 분류했지만 사실 일반인공지능이라는 용어는

꽤 오래 전부터 AI 관련 영화에서 많이 나온 개념이다. 다만 닉 보스트롬은 여기에 우리가 흔히 이야기하는 협의의 인공지능과 인간을 넘어선 슈퍼 인공지능을 넣어 체계화했다.

ANI는 협의의 인공지능이라고도 불린다. 현재와 같이 특정한 영역에서 정해진 일을 하는 AI를 일컫는다. 정해진 일을 제외한 다른 일을 하는 것은 사실상 불가능하지만, 해당 영역에서는 인간을 넘어서거나 크게 뒤처지지 않는 수준에 도달할 수 있다. 최근 딥러닝의 발전으로 ANI 수준에 도달한 인공지능의 수가 많아지고 있다.

이에 비해 AGI는 강인공지능이라고도 불리는데, 하나의 AI가 여러 가지 일을 동시에 할 수 있는 것을 의미한다. 하나의 영역 이외에 다른 영역의 문제도 풀 수 있고, 여러 수준에서 인간을 능가하는 단계다.

마지막 ASI는 슈퍼 인공지능이라도 불리며 모든 부분에서 인간을 넘어선다. 디스토피아를 그리는 SF영화에서 이를 많이 다룬다.

뇌와 기계의 인터페이스에 관한 기술도 오랫동안 연구되어 왔다. 그림 8-1에서 보듯이 2016년 《네이처》의 리뷰 논문을 보면 적외선 센서, fMRI, EEG 등을 비침습적으로 두피에 붙이거나 뇌 표면에 칩을 붙여 침습적으로 뇌의 신호를 읽고 해석하는 연구가 다양하게 진행되어왔다.

현재까지는 주로 재활이나 치료를 보조하는 인터페이스로의

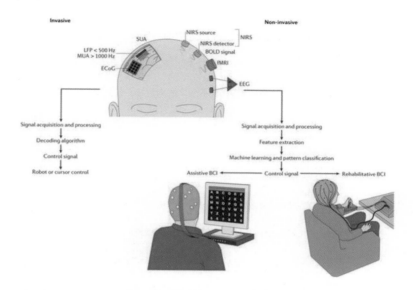

그림 8-1 다양한 뇌-컴퓨터 인터페이스 관련 기술 (출처: https://www.nature.com/articles/nrneurol.2016.113)

연구가 많았지만, 인지기능 및 기억력과 연관된 칩에 관한 연구 성과가 급진전하고 있어서 향후 하드웨어적으로 인간의 뇌를 증강시키는 분야도 빠르게 발전할 가능성이 커지고 있다.

미래의 AI 스타트업 전망: 브라이언 보들리 투자자

정지훈 : 미래의 AI 스타트업은 어떻게 될 것 같나요? 몇 년 전에는 대부분 머신 비전에 초점을 맞추었는데 요즘에는 자연어처리와 음성에 초점을 맞추고 있습니다. 그다음 단

계는 어떨까요?

브라이언 : 계속해서 발전할 것입니다. 저희가 특히 관심 있게 보는 것은 머신 비전을 로봇공학 기술과 결합해 간단한 작업을 자동화하는 것입니다. 피닛로보틱스라고 불리는 기업에 투자하고 있는데 이 회사의 로봇은 자동으로 화장실을 청소합니다. 또한 앰비덱스러스랩스라고 불리는 기업에도 투자했는데, 이 스타트업의 기술을 활용하면 공장에서 많은 것을 자동으로 포장할 수 있습니다. 앞으로 로봇공학이 다양한 분야에서 더 많이 적용될 것이며, 사람들이 하고 있는 특정한 일을 대체해 나갈 것입니다. 음식 산업에서는 이런 변화가 이미 일어나고 있습니다. 자율주행차도 큰 인기를 끌 것으로 보이고, 잔디 깎는 기계와 같이 서비스를 제공하는 산업에서도 생각해볼 수 있습니다. 저는 손톱에 색을 자동으로 칠해주는 인공지능 기술을 연구하는 기업을 본 적도 있습니다. 디자인을 선택하면 손톱에 그대로 구현해 줍니다. 이렇게 머신 비전이 하드웨어 테크놀로지와 결합되고 있으며, 이 분야가 계속해서 발전할 것입니다. AI 개발자를 돕는 일도 많이 일어날 것입니다. AI 기업에 최종 서비스를 제공하려는 스타트업도 많습니다. AI 기업이 좀 더 쉽게 개발하고, 데이터를 모으고, 문제를 빠르게 해결할 수 있도록 돕는 것이죠. 사물인터넷과 대형 분산 애플리케이션 기술은 잠재 버그를 해결하는 데 있어서 AI가 역할을 하도록 만드는 데 큰 도움이 될 것입니다. 대형 분산 시스템에서 발생할 수 있는 다양한 문제를 해결하는 데도 도움을 줄 것이고요. AI가 온종일 머리를 사용하는 사람들을 어떻게 효과적으로 도울지, 그들의 하는 사소한 일을 어떻게 자동화할 수 있을지, 자연어처리 작업을 더 증강할 수 있을지 등을 살펴보고 있습니다. 머신 대 인간의 인터페이스로서로 대화를 나누는 기술에도 큰 관심을 두고 있습니다. 우리가 서로 이야기를 나누고 대화하는 것처럼, 머신과 인간이 자유롭게 이야기를 나누는 것입니다.

정지훈 : 중간에요?

브라이언 : 중간뿐만 아니라 저는 옷을 사거나 제 일을 자동화하기 위해 머신에게 말하는데요. 로봇이 로봇에게 말하는 것은 어떨까요? 지금과는 전혀 다른 새로운 커뮤니케이션 방법이 생길까요? 인간과 로봇뿐 아니라 로봇끼리도 대화를 나눠야 하기 때문입니다. 저희는 이런 다양한 자율 시스템이 상호작용할 수 있는 프로토콜을 보고 있습니다. AI는 기술입니다. 그런데 단순한 기술이 아니라 앞에서 설명한 다양한 기술을 지원할 수 있는 중요한 열쇠입니다.

8-2
메타러닝

일반인공지능을 구현하기 위한 미래지향적인 AI 기술로는 어떤 것이 있을까? 일반인공지능의 구현을 사명으로 여기고 가장 적극적으로 문제해결에 매달리고 있는 회사는 알파고로 유명한 딥마인드다.

딥마인드의 모토는 '지능을 풀고, 이런 지능을 이용해 나머지 모든 문제를 푼다(Solve intelligence, and then use intelligence to solve everything else)'이다. 이 문장 만큼 일반인공지능을 잘 설명하는 것도 없다. 아니 모토만으로는 슈퍼인텔리전스를 지향한다고 해도 과언이 아니다. 딥마인드는 이 문제를 강화학습의 고도화라는 접근으로 풀고 있다.

딥마인드가 추구하는 AI의 개념은 《네이처》에 수십 개의 아타리 게임을 AI가 직접 플레이하고, 그 결과에 따라 반복해서 학습하면서(누가 플레이하고 학습했는지?) 인간 수준을 넘기는 연구 결과를 발표할 때부터 시작되었다. 당시에도 일반적인 연구는 주로 특정한 문제 하나를 푸는 데 매달렸는데, 딥마인드는 동일한 방식의 학습으로 수십 개의 문제를 푸는 것에 집중하면서 나름의 성과를 냈다.

여기에서 출발한 딥마인드는 알파고로 바둑에서 큰 성과를 냈고, 알파제로의 경우에는 바둑뿐만 아니라 체스와 장기 등의 게임을 쉽게 배워서 최고 수준의 성능을 보여주었다.

스타크래프트-2를 학습한 알파스타의 경우에도 리그에 참가해서 매우 훌륭한 성과를 내고 있는데, 최소한 게임과 관련한 도메인에서는 강화학습을 중심으로 하는 딥마인드의 일반인공지능 기술 전략이 잘 통하고 있다. 그렇지만 이런 성과가 현실 세계의 문제를 푸는 것과는 상당한 괴리가 있기 때문에 앞으로의 발전은 좀더 두고 봐야 한다.

강화학습을 다양한 작업에 적용하기 위한 방편으로 제시되는 것 중 하나가 계층적 강화학습이다. 일반적인 강화학습의 루프와 외부 환경 그리고 그사이에 여러 작업을 컨트롤할 수 있는 메타 컨트롤러를 넣어서 메타 컨트롤러가 조금은 상위 개념의 목표(goal)를 결정하고, 실제 해당하는 목표에 접근할 때는 기존 강화학습의 루프를 반복하는 구조다.

기존의 강화학습은 단순한 목표를 달성하기 위해 지속적으로 반복하여 정답에 접근하는 것이고, 계층적 강화학습은 계층별로 다른 것들을 조금씩 만들거나 순서를 순차적으로 결정하는 방식으로 상위 구조를 추가하는 형태다. 강화학습보다 구조적으로는 다양한 일을 쉽게 할 수 있을 듯하지만, 막상 학습시키기에는 구조가 복잡하고 학습을 위해 정의해야 할 것이 많아 일반화하기에는 어려운 기술이라는 비판도 있다.

일반인공지능과 관련한 또 다른 접근 방법으로는 메타러닝 또는 '학습하는 법을 학습(Learning to Learn)'이라는 기술도 중시되고 있다. 글자 그대로 학습하는 것을 학습하는 것을 말하는데, 여러 가지 작업을 하나 또는 매우 적은 수의 연습만으로 잘 해내는 것에 목적을 둔 접근이다.

원샷 러닝(One-shot Learning)이나 제로샷 러닝(Zero-shot Learning)이 이에 해당하는 기술로, 메타러닝이 잘 되어 있다면 적은 수의 샘플이나 학습만으로도 상당한 성과를 낼 수 있다.

현재 대부분의 딥러닝은 많은 수의 학습 데이터를 필요로 하는데, 인간은 그렇게 많은 학습을 하지 않아도 웬만한 일을 금방 수행하는 정도의 지능을 가지고 있다. 일반인공지능으로 발전하려면 이처럼 많은 양의 학습이 없어도 어느 정도 금방 뭔가를 할 수 있도록 해야 한다. 핵심은 적은 수의 데이터로도 어떻게 학습할 수 있는지를 연구하는 것이다.

여러 가지 접근 방법이 있지만 가장 많이 알려진 방식을 간단한 도표로 알아보자.

그림 8-2에서 고양이와 새를 구분하는 데이터 세트 1번과 꽃과 자전거를 구분하는 데이터 세트 2번을 학습시켜 두 가지를 모두 잘 구분하는 네트워크는 다른 두 가지를 구분하는 것도 쉽게 해낸다는 접근이다.

예를 들어, 기존에 학습되지 않은 데이터 세트인 개와 수달을 구분하는 데이터 세트 샘플 몇 개만 학습해도 금방 개와 수달을 구분한다. 이런 네트워크 또는 학습 알고리듬이 메타러닝의 대표적인 접근 방법이다.

이런 기술은 로봇과 같이 하드웨어 기반의 인공지능을 학습시킬 때 특히 중요하다. 게임과는 달리 로봇의 하드웨어는 잘못된 실행 때문에 문제가 생겼을 때 이를 복구하는 비용도 많이 들고 시간도 많이 소요된다. 그렇기 때문에 비교적 적은 수의 학습이나 실행을 통해서도 성과를 올릴 수 있어야만 하는데, 기존의 게임에 적용했던 강화학습은 수천수만 번을 매우 빠른 속도로 반복할 수 있다는 것을 염두에 두고 설계되었기에, 실패할 때마다 큰 손해가 생기고 시간이 많이 소요되는 로봇에 적용하기가 곤

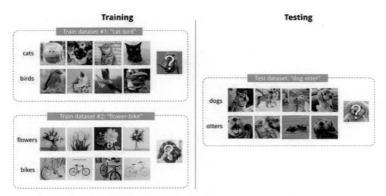

그림 8-2 메타러닝을 위한 대표적인 접근 방법 (출처: https://lilianweng.github.io/lil-log/ 2018/11/30/meta-learning.html)

란하다.

이런 이유로 최근 메타러닝과 관련한 기술의 중요성이 점점 더 높아지고 있으며, 이런 기술이 발전한다면 향후 하드웨어 기반의 AI 기술도 적용 분야가 넓어질 것이다.

미래의 AI: 기드온 멘델스

기드온 멘델스(CometML의 공동창업자) : 개인적으로 저는 메타 머신러닝 분야에 관심이 많습니다. 본질적으로 메타 머신러닝은 머신러닝 연구 및 실험에 따른 정보를 통해더 나은 모델과 연구를 가능하게 합니다. 한 가지 예로는 데이터 세트와 관련된 자동 머신러닝이 있습니다. 이것은 인공지능을 통해 완전한 모델을 찾아내고 제공하려는 접근입니다. 아울러 소프트 엔지니어링과 달리 머신러닝에는 실제로 자동화와 관련된 많은 기회가 있습니다.

마지막으로 살펴볼 것은 최근 구글에서 연구 발표하면서 큰 관심을 끌고 있는 AutoML 기술이다.

지금까지 발전한 딥러닝 기술은 모델이 결정되면 학습할 때 모델 구조는 변경되지 않고 모델 내부의 네트워크 수치가 변경되면서 학습한다. 그런데 최근 연구에 따르면 수치도 중요하지만 수치를 완전히 무작위로 제공하더라도 구조 자체가 좋을 경우 결과가 좋아지는 것으로 알려졌다. 주어진 데이터로 문제를 풀 때, 모델을 먼저 결정하는 것이 아니라 모델을 계속 변경해가면서 최적의 모델을 찾을 수 있다는 것이다. 이를 자동으로 할 경우에 머신러닝 모델을 자동으로 찾는다고 해서 AutoML이라 부른다.

AutoML 기술 역시 매우 다양한 방식으로 구현될 수 있는데, 그중에서도 가장 많이 사용하는 알고리듬이 NAS(Neural Architecture Search, 신경망 구조 탐색)이다.

다양한 변종 모델 네트워크를 생성하고, 이들 중에서 가장 좋은 결과를 내는 아키텍처를 가장 효과적으로 찾아가는 것이 이 기술의 핵심이다. 다만 AutoML은 엄청난 연산량이 필요해서, 큰 기업이 인프라를 제공할 수 있는 경우에 절대적으로 유리하다. 그렇기 때문에 이를 플랫폼으로 제공하면서 머신러닝 클라우드 서비스의 형태로 시장을 장악하려는 거대 플랫폼 기업들이 관심을 보이고 있다.

로봇과 AI: 이찬우 박사

정지훈 : 로봇에 AI가 들어가서 성공하는 케이스도 많아질 것으로 보시죠?

이찬우 : 네, 매우 큰 영향을 미친다고 보고 있습니다. AI가 로봇에 들어갈 때는 안정성이라는 장벽이 있어요. 그렇기 때문에 대체로 로봇 연구자들이 AI에 보수적입니다. AI가 로봇에 탑재되어 상용화된다는 것은 엄청난 의미를 가져다줄 수 있죠. 로봇은 태생적으로 포터블한 성질을 가지고 있어서 로봇에 들어가는 통신기술에도 엄청난 영향을 줍니다. AI가 로봇에 들어간다면 특히 산업적으로 큰 의미를 갖게 될 것입니다.

정지훈 : 로봇공학자들 중에서 AI 기술 발전에 영향을 주시는 분이 많지 않나요?

이찬우 : 그렇죠. 특히 제가 아는 스탠퍼드대학교 앤드루 응 교수님은 자율주행을 연구하시는데요. 훌륭한 로봇공학자입니다. 이분을 비롯해 하드웨어 장벽을 해결하기 위해 머신러닝을 연구하는 분이 아주 많습니다.

정지훈 : 특히 로봇 같은 경우에는 데이터 양이 적은 상태에서 학습해야 하니까, 학습하는 것을 학습하는 기술은 로봇 쪽에서 많이 나오고 있는 것으로 보이는데요. 이처럼 로봇과 AI가 서로 영향을 주고받으면서 굉장히 빠르게 발전할 것이라고 봐도 되겠죠?

이찬우 : 네, 맞습니다.

8-3

뇌와 컴퓨터의 연결

뇌와 기계를 연결하는 전통적인 BMI 기술은 주로 MRI 를 이용한 영상과 EEG의 뇌 신경 전기신호를 감지해서 이를 데이터로 처리하고, 말초신경계 자극 장치와 연결하여 근육을 움직이게 하는 종류가 많았다. 아무래도 척수 손상과 같은 신경계 문제로 몸을 제대로 움직이지 못하는 사람의 재활과 관련된 연구가 중심이었고, 이와 관련해 꽤 많은 성과가 나타나기도 했다.

그러다가 2007년 유타 어레이(Utah Array)가 발표되면서 새로운 장이 열리기 시작한다. 유타 어레이는 VLSI 형태의 칩을 뇌에 직접 꽂는 방식으로 설계되었는데, 특히 단기기억력을 관장하는 해마(hippocampus) 지역에 칩을 직접 꽂아 기억력을 회복하는 가능성을 보여주면서 새로운 브레인 인터페이스 시대를 예고했다(그림 8-3).

유타 어레이 개발을 주도한 테드 버거 교수는 서던캘리포니아대학교에서 관련된 연구를 오랫동안 진행했다. 그는 쥐를 실험한 연구 결과를 바탕으로 새로운 브레인 칩의 시대가 열릴 수 있음을 예고한 것이다. 같은 해 코넬대학교에서는 나방의 뇌에 칩을

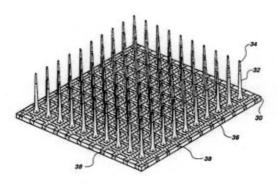

그림 8-3 유타 어레이 (출처: 위키피디아 https://en.wikipedia.org/wiki/Microelectrode_array#/media/File:Utah_array_pat5215088.jpg)

꽂아 사이보그처럼 조종하는 실험에 성공했다. 작은 칩을 적절한 뇌의 위치에 꽂으면 원하는 방향으로 나방을 날게 할 수 있다는 것으로, 뇌에 직접 칩을 꽂아 인식과 관련된 부분을 바꾸거나 조종하는 실험이 성공하면서 브레인 칩에 대한 관심이 크게 늘었다.

2018년 테드 버거 교수팀이 유인원 실험을 거쳐 드디어 인간을 대상으로 한 실험까지 성공적으로 마쳤다. 뇌의 기억을 관장하는 해마 지역에 VLSI 칩을 꽂고 인지기능 중 특히 기억과 관련한 능력에 변화를 줄 수 있음을 증명하면서 이 기술의 상용화에 탄력을 받기 시작했다. 서던캘리포니아대학교와 웨이크 포레스트 의료센터가 더욱 다양한 임상시험을 통해 증거 수준을 높이면서 상용화가 진척을 보이고 있다.

미국 방위고등연구계획국에서도 이런 기술의 발전 가능성을 높이 사서, 2017년 공격적으로 뇌-기계 인터페이스 연구에 투자를 시작했다. 총 6,500만 달러를 마련하여 양방향으로 뇌와 컴퓨터를 연결할 수 있는 기술 개발에 연구비를 보내기 시작했고, 앞으로도 이런 종류의 연구를 활발하게 지원할 방침이라고 발표했다.

이런 연구 성과를 바탕으로, 과감하게 상업화에 뛰어든 인물이 일론 머스크다. 그는 뉴럴링크라는 회사를 설립해서 뇌-기계 인터페이스 기술의 상용화를 공격적으로 추진하고 있다. 그는 AI의 발전에 대해 인간도 인지기능 강화를 위해 외부 기계의 도움을 받아야 한다고 생각했다. 물론 알츠하이머병이나 인지기능에 문제가 생기는 뇌질환자들을 치료하기 위한 칩 시장을 중심으로 상업화를 추진하지만, 앞으로는 정상인의 뇌 기능을 더 강력하게 만들어 AI의 발전에도 인간의 뇌가 대응할 수 있도록 하겠다는 목표를 공공연하게 내비쳤다.

현재로서는 이런 기술이 얼마나 실현 가능할지 쉽게 말할 수 있는 단계는 아니다. 하지만 오래전에 테드 버거 교수가 유타 어레이 개념을 언급했을 때, 누구도 믿지 않다가 관련 기술이 실제로 개발된 역사에서 알 수 있듯이 함부로 허황된 상상이라고 일축하기는 어렵다. 특히 일론 머스크의 뉴럴링크는 샌프란시스코 캘리포니아대학과 미국 방위고등연구계획국의 펀드를 받아 브레인 칩을 시술하는 기술을 시현하는 데 성공했고, 2020년에는 돼지의 뇌에 칩을 이식하고 제거하는 실험에 성공하기도 했다. 이런 성과를 바탕으로 사지 마비 환자들을 대상으로 하는 첫 번째 임상실험 승인을 미국 식품의약품안전처로부터 얻어내면서 그 행보는 가속화되고 있다.

일론 머스크가 뉴럴링크를 통해 이 분야의 헤게모니를 장악해 나가자, 해마의 기억력 칩 관련 연구를 주도했던 테드 버거 교수도 기술 이전을 통해 커널이라는 회사를 설립하면서 기존 기술의 상용화에 나섰다. 이들 기업의 경쟁과 임상실험 결과에 따라 과거 뇌-컴퓨터 인터페이스 기술이 주로 재활 분야에 치우쳤던 것에서 크게 나아가, 인간의 인지기능 자체를 강화하는 형태의 변화가 진행될 수 있다. 이런 기술이 발전한다면 만화, 애니메이션, SF 영화에서나 보던 전자 두뇌의 시대가 꿈은 아닐 것이다. 아직 한국에서는 이런 종류의 연구가 활발하다고 할 수 없지만, 요즘과 같이 기술 발전이 빠른 속도로 진행되는 상황에서는 새로운 종류의 접근에도 관심을 두고 지켜봐야 한다.

8-4

미래지향적 AI

 미래의 AI는 어느 방향으로 나아가야 할까? 딥러닝의 한계를 지적한 트위터에서의 말다툼이 학회 토론회까지 이어졌던, 뉴욕대학교의 게리 마커스와 얀 르쿤의 토론을 시작으로 앞으로 AI의 발전에서 고려해야 할 내용을 짚어보자.

발단은 트위터에서 시작되었다. 2018년 11월 뉴욕대학교의 인지과학자로 AI 관련 연구를 많이 진행하는 게리 마커스 교수가 다소 공격적으로 딥러닝의 한계를 지적하는 트위터 메시지들을 얀 르쿤에게 던졌다.

얀 르쿤은 딥러닝의 성과를 과소평가하지 말라고 했고, 그에 비해 게리 마커스는 계속해서 딥러닝만으로는 안 되며 딥러닝의 성과가 과장되었다는 논지의 주장을 과격하게 펼쳤다. 이들의 트위터 논쟁을 지켜보던 사람들도 두 파로 나뉘는 양상을 보였다. 사실 이들의 논쟁은 이번이 처음이 아니었다. 2017년에도 비슷한 논쟁이 있었고, 유튜브 중계를 통해 뉴욕대학교 내에서 공개 토론회가 열리기도 했다. 또한 주요 인공지능 학회에서도 행사가 있었을 정도로 널리 알려진 앙숙이다.

그러던 차에 게리 마커스가 딥러닝을 다소 비판적으로 바라보면서, 현재의 AI가 한 단계 도약하기 위해서는 어떤 방향으로 가야 하는지를 밝힌 책 《리부팅 AI》를 출간했다. 게리 마커스의 주장에 동의하는 사람도 그렇지 않은 사람도 많지만, 이 책은 AI의 미래와 관련해서 한 번쯤 짚고 넘어가면 좋은 내용이 많다. 그중에서도 현재 AI의 성과에 관해 반드시 물어봐야 할 여섯 가지 질문 리스트는 매우 훌륭한 내용이어서 반드시 새겨볼 필요가 있다.

첫 번째 질문은 '미사여구를 삭제하고 실제 AI가 하는 일이 무엇인가?'이다. 이 내용은 일부 결과를 치장하고 과장하는 경우가 많기 때문에 그 부분을 제거하고 실제 결과를 보자는 의미이다.

두 번째 질문은 '결과가 일반적으로 적용될 수 있는가?'이다. 예를 들어 측정된 결과가 넓은 범위에 적용할 수 있는 것인지, 아니면 일부에만 적용할 수 있는 것인지를 구분해야 한다는 것이다.

세 번째는 '연구자나 결과를 발표한 사람들의 사례 데이터 외에 검증하려는 사람이 직접 사례를 넣어 테스트할 수 있는가?'이다. 만약 연구자의 데이터에서만 재현되는 종류라면 그 결과를 곧이곧대로 받아들이지 말라는 뜻이다.

네 번째는 연구자나 언론에 종사하는 사람들이 AI보다 낫다고 말한다면, 도대체 어떤 사람보다 어느 정도로 나은지 명확하게 설명해야 한다는 것이다. 일부 벤치마크 테스트에서 낫다는 것이 실제로도 그렇다는 잘못된 인식을 심어줄 수 있기 때문에 조심해야 한다는 의미다.

다섯 번째는 특정한 작업에서 성공적이었던 것의 정도가 진짜 AI 시스템을 만드는 데 도움이 될지 여부이다. 연구와 실제 만드는 것은 별개이기 때문이다.

마지막으로 시스템이 얼마나 견고한지 여부이다. 완전히 다른 데이터 세트를 적용했을 때도 많은 수의 새로운 트레이닝을 하지 않고도 적용 가능해야 실제로 쓸모가 있을 것이라는 의미다.

그의 여섯 가지 질문은 타당하다. 연구 결과를 과장하고 오도하는 사람들이 실제로 많이 있기 때문이다. 연구자들도 이런 질문이 언제든지 들을 수 있다고 생각하고, 이에 대비하는 것이 좋다. 게리 마커스가《리부팅 AI》에서 말하려 했던 것은 딥러닝의 성과에 너무 의존하지 말라는 것이다. AI라는 미션이 제대로 성공하기 위해서는 심리학, 철학, 인류학, 언어학, 신경과학 등의 영향을 받는 인지과학의 발전이 필요하다. 인간의 마음, 지능, 상식 등과 관련한 연구에도 게을리하지 말자는 것이 그의 지적이다. 또한 연관 학문으로 사회과학, 생물학, 물리학 등의 발전도 AI의 발전에 영향을 준다. 지나치게 컴퓨터 과학적으로 접근하는 것은 좋지 않다는 말이다.

AI와 정치 그리고 사회: 김재연 박사

정지훈 : 전에는 데이터 사이언스와 사회과학, 정치학이 전혀 다르다고 생각했는데 최근 들어서는 사회과학이나 정치학에서도 머신러닝, 데이터 사이언스, AI 등과 같은 용어가 많이 나오고 있죠?

김재연 : 맥락을 생각해보면 자연스러운 거예요. 선거 여론을 생각해보세요. 정치학이

데이터잖아요. 데이터를 정교화해 통계를 잘 내는 사람들이 많은 학과가 정치학과죠. 통계도 해야 하고 컴퓨터 사이언스도 해야 하므로 그걸 이해할 수 있는 사람이 많이 있는 분야가 데이터 사이언스입니다. 정치학, 사회학, 경제학 등 사회과학 분야를 데이터 사이언스로 접근하는 건 생각보다 어렵지 않아요. 우리가 생각하는 것처럼 책만 읽고 고전을 해석하고 그런 것만 하는 학과가 아닌 거죠. 물론 그쪽을 연구하는 분도 있는 반면에 데이터를 중점으로 연구하는 분들도 많습니다.

정지훈 : 버클리에서 갖고 계신 직함을 보니까, 많더군요. 프로젝트 리드도 있고 서밋 같은 것을 조직하시던데 그 일들의 내용은 어떤 거죠?

김재연 : 하나는 버클리 인스티튜트 포 데이터 사이언스(Berley Institute for Data Science)로 버클리에 있는 교수와 박사 과정에 있는 학생들을 모아서 학제를 넘나드는 데이터 과학을 연구합니다. 많은 데이터를 정교하게 모으고 엄밀하게 분석해서 인사이트를 제공합니다. 다른 대학에서 데이터 사이언스 관련한 프로젝트를 하면 그에 필요한 테크니컬 컨설팅을 해주는 거죠. 다른 하나는 데이터 사이언스 애듀케이션 프로그램입니다. 스텐퍼드, 버클리 대학원 학생들과 교수들을 모아서 데이터 사이언스를 어떻게 사회적 공익을 위해 활용할 수 있는지에 대해 고민하고 교육하고 있습니다.

정지훈 : 그 프로그램은 미국 유명 대학교들이 같이 조직한 건가요?

김재연 : 미국 대학교 이외에 영국 옥스퍼드도 있죠. 다만 아시아는 아직 없어요.

정지훈 : 어떻게 보면 세계적인 명문 대학들은 대부분 데이터 사이언스를 중심으로 한 사회과학 또 소셜 굿(Social Good)에 대한 고민을 많이 하고 있군요.

김재연 : 참여하는 사람이 늘어나다 보니 기업은 데이터가 남아돌죠. 이를 활용하기 위해 데이터 사이언스 활용 방법을 찾아 저희에게 옵니다. 여기에 들어온 사람 중에는 사

회과학자도 있고, 자기가 기술이 있으니까 이걸 어떻게 하면 좀 더 좋은 일에 쓸 수 있나를 생각하는 이들이 많아요.

정지훈 : 실리콘밸리에서도 많은 기업이 전에는 비즈니스에 직접 연결되거나 아니면 데이터 관련된 소프트 엔지니어들만 고용했는데, 최근에는 사회학이나 정치학을 비롯해 다른 분야에서 데이터 사이언스를 이해하는 사람들의 수요가 늘고 있다고 들었습니다. 기업이 그렇게 움직이는 이유가 있을까요?

김재연 : 결국은 머신러닝을 하든 AI를 하든, 없는 것에서 새로운 것을 만들어 내는 것은 아니잖아요? 무에서 유가 나오는 게 아니고 유에서 유가 나오는 거죠. 좋은 데이터 인풋이 있어야 아웃풋, 즉 머신러닝 결과가 좋게 나오는 건데요. 그런 좋은 인풋을 만들어 내려면 데이터의 품질을 관리할 줄 아는 사람이 필요해요. 그런데 학계에 있는 사람들은 가내수공업이다 보니까 이탈리아 장인이 옷과 구두를 만드는 것처럼 정교하게 만드는 걸 잘해요. 그래서 사회과학자들이 업계로 가면 데이터의 품질 관리에 뛰어나죠. 어떻게 하면 더 질 좋은 데이터를 넣을 수 있는가의 문제도 마찬가지입니다. 좀더 구체적으로 설명해 드리면, 우리가 데이터를 설문으로 모을 경우 어떤 식으로 설문을 디자인해야 하는지, 사람들을 관찰한다면 어떤 식으로 관찰할지, 센서를 몸 어디에 어떻게 붙여야 하는지, 어떤 상호작용이 포착되는지 등을 알아내야 하죠. 이 부문은 이에 능숙한 전문가가 필요합니다.

정지훈 : 그래서 팀이 되고 범위도 넓어지는군요.

김재연 : 그렇죠. 인사(HR) 쪽으로 넘어가면 원래 심리학이나 사회학에서 다루던 사람들은 어떤 측정 기준을 써서 데이터를 모아야 하는지 알고 있으니까요.

그렇다면 딥러닝 이외에 어떤 접근이 가능할까? 사실 게리 마커스에게 아쉬운 점은 나름 훌륭한 연구자이지만 주장하고 비판하는 것에 비해 한계 극복을 위해 본인이 직접 하는 일은 대단하지 않다는 점이다. 오히려 이런 종합적이고도 다학제적인 연구는 MIT의 조시 타넨바움 교수가 훨씬 적극적으로 하고 있다. 그는 지능이 단지 패턴 인식을 넘어서서 세상을 모델링하는 것과 연관되어 있다고 말하면서, 우리가 보는 것을 설명하고 이해해야 하고, 보지 못하는 것에 대해서도 상상해야 하며, 문제를 풀고 계획하는 행동을 포함한 다양한 연구가 진행되어야 사람처럼 생각하는 기계라는 목표를 이룰 수 있다고 주장한다.

이를 위해 MIT에 '뇌, 심리, 기계 부문 센터'라는 연구조직을 출범 시켜 딥러닝은 물론 심리학, 뇌과학, 사회학에 이르는 다학제 연구자들과 독특하고도 복합적인 연구를 수행하고 있다. 예를 들어, 직관적인 물리학적 원리와 심리학적 모델을 함께 활용해서, 아이들이 세상을 보고 배우는 과정을 컴퓨터로 시뮬레이션하여 상식의 정체를 밝히려는 연구를 진행하기도 한다. 이런 문제를 제대로 푸는 것은 쉬운 일이 아니다. 하지만 이렇게 복합적이고 다학제적으로 접근한다면 현재의 한계를 극복하는 데 큰 도움이 될 것이 분명하다.

미래 지향적인 AI를 생각한다면 미시간대학교의 존 레어드 교수가 추진하는 인간 인지 아키텍처에 기반한 시스템의 일부 요소를 도입하는 것도 좋다. 대표적인 프레임워크로 SOAR가 있다. 한국에서는 동아대학교 김종욱 교수가 이 아키텍처를 기반으로 로봇 운영체제인 ROS(Robot Operating System)에 연결하며 도덕적 AI 판단을 하는 로봇 프로젝트를 진행하고 있으며 상당한 성과를 내고 있다.

이처럼 AI 기술은 지금까지 이룬 것보다 앞으로 이루어야 할 숙제가 훨씬 많은 영역이다. 비록 딥러닝이 약한 인공지능 분야, 즉 특정한 작업에 큰 성과를 내는 것은 분명하지만 미래지향적인 일반인공지능으로 발전하기 위해서는 더 많은 학문 영역의 전문가들과 함께 연구하고 만들어가야 한다는 것을 명심해야 한다. 또한 하드웨어 측면에서도 앞으로 인간의 뇌와 기계를 연결하는 부분에 큰 발전이 있을 수 있음으로, 자신이 알고 있는 영역을 넘어서는 연구와 발전에도 관심을 두고 개방된 자세를 가질 필요가 있다.

AI 101 인공지능 비즈니스의 모든 것

지은이 | 정지훈

이 책의 편집과 교정은 장현지, 출력·인쇄·제본은 도담프린팅 박황순이 진행해 주셨습니다.
이 책의 성공적인 발행을 위해 애써주신 다른 모든 분들께도 감사드립니다.
틔움출판의 발행인은 장인형입니다.

초판 1쇄 인쇄 2021년 9월 23일
초판 1쇄 발행 2021년 10월 6일

펴낸 곳	틔움출판
출판등록	제313-2010-141호
주소	서울특별시 마포구 월드컵북로4길 77, 353
전화	02-6409-9585
팩스	0505-508-0248
홈페이지	www.tiumbooks.com

ISBN 979-11-91528-04-6 (03320)

잘못된 책은 구입한 곳에서 바꾸실 수 있습니다.